W0471327

Willkommen Angst

Über die Autorin

© Louisa Dennig

Dr. Constanze Dennig, geboren in Linz, ist Fachärztin für Psychiatrie und Neurologie mit langjähriger Erfahrung. Neben ihrer Tätigkeit als Ärztin ist sie auch Autorin von Theaterstücken, Drehbüchern, Romanen, Sachbüchern, Regisseurin und Produzentin zahlreicher Theaterprojekte. Constanze Dennig lebt und arbeitet in Wien und Graz.

Beliebt ist ihre Krimireihe rund um die Psychiaterin Alma Liebekind. Bei Ueberreuter ist der bisher letzte Band der Reihe erschienen: „Verkauft – Alma Liebekind ermittelt".
ISBN 978 3 8000 8001 4

www.constanzedennig.com

Constanze Dennig

Willkommen Angst

Vom Nutzen der Furcht

ueberreuter

1 Auflage 2023 | © Carl Ueberreuter Verlag, Wien 2023
ISBN 978-3-8000-7829-5 (print)
ISBN 978-3-8000-7838-7 (e-book)

Alle Rechte vorbehalten.
Das Werk, einschließlich seiner Teile, ist urheberrechtlich geschützt. Jede Verwertung ist ohne Zustimmung des Verlages unzulässig. Dies gilt insbesondere für die elektronische oder sonstige Vervielfältigung, Übersetzung, Verbreitung und öffentliche Zugänglichmachung

.

Lektorat: Caroline Metzger
Umschlag- & Covergestaltung: Saskia Beck, s-stern.com
Satz: Lisa Wilfinger, Carl Ueberreuter Verlag GmbH
Druck und Bindung: Imprint d. o. o., Ljubljana

Danke, dass Sie sich für unser Buch entschieden haben! Sie wollen mehr über unsere Bücher erfahren und über unser Programm auf dem Laufenden bleiben?
www.ueberreuter.at

fb: @ueberreuterwien
ig: @ueberreuter_wien
tt: @ueberreuter_wien

FSC
www.fsc.org
MIX
Aus verantwortungsvollen Quellen
FSC® C014138

INHALT

Ich danke meiner Freundin Friederike Lenart für ihre wichtigen Anregungen bei der Entstehung dieses Buches!

Vorwort

Was haben die großen Künstler und Genies unserer Geschichte mit den schlimmsten Despoten gemeinsam? – Die Angst als einen der Motoren ihrer Entscheidungen. Denn Angst kann gleichermaßen konstruktiv verarbeitet wie auch zerstörend ausagiert werden. Dabei ist der Umgang mit ihr immer kreativ, denn auch ein negatives, sogar grausames Ergebnis bedarf zunächst eines Auslösers, dann einer Idee und schließlich deren Ausführung. So gefährlich und fatal Angst aber für uns selbst und andere werden kann, so hilfreich und beflügelnd kann sie auch sein. Sie hat entscheidend zu epochalen (Kunst-)Werken, wissenschaftlichen Erkenntnissen und Fortschritt beigetragen.

In meiner Tätigkeit als Psychiaterin bin ich immer wieder auf unterschiedlichste Arten mit den Ängsten meiner Patienten konfrontiert. In diesem Buch möchte ich deshalb den verschiedenen Folgen des Umgangs mit diesem Gefühl nachgehen. Denn man denkt bei Angst zunächst immer an eine Störung, im schlimmsten Fall an eine zu behandelnde. Es ist ein Begriff, der reflektorisch an Leiden denken lässt. Wer kommt schon auf die Idee, dass der Angst auch etwas Bejahendes, Vorteilhaftes abzugewinnen ist? Keiner möchte schließlich Angst haben. Auch für mich war es eine neue Erfahrung, mich mit der Angst als Motor der menschlichen Entwicklung auseinanderzusetzen. Erst als ich mich gedanklich von meinem beruflichen Korsett lösen konnte – nämlich zu versuchen, Angst wegzutherapieren –, entdeckte ich die großartigen Folgen von Angst. Denn die Angst kann alles entstehen lassen: die Verzweiflung, aber eben auch das Glück.

Der Auslöser für einen anderen Blick auf diese Thematik war bei mir die Coronapandemie. Durch die kollektive Unsicherheit und damit die Angst vor den Folgen dieses Virus entwickelten sich in Windeseile Lösungsstrategien, die sich infolge auch auf andere Bereiche des Lebens auswirkten. Wer hätte noch vor drei Jahren gedacht, dass man Besprechungen auch ganz gut mittels Videokonferenz durchführen kann, dass Großeltern mit den Enkelkindern per Handy kommunizieren können, dass innerhalb eines Jahres eine Impfung auf den Markt kommen kann, dass die Schule auch online funktioniert, dass medizinfremde Menschen sich selbst testen lernen, dass wir auch mit Maske ein Sozialleben führen können, dass unsere Wirtschaft im Angesicht einer massiven Krise nicht komplett zusammenbricht und dass wir ganz schön flexibel sein können? Im Gegensatz zu den die Apokalypse Heraufbeschwörenden erlaube ich mir, der Angst Vorteile zuzugestehen. Ja, so haben wir durch die Angst vor dem Virus unbeabsichtigt, weil gezwungenermaßen viel dazugelernt, auch Dinge, die uns langfristig weiterbringen werden.

Auch aktuell, im Fall der nächsten Katastrophe, dem Ukrainekrieg, wird aus Angst vor dem Zudrehen der Gas- und Erdölhähne die Etablierung der CO_2-neutralen Energiegewinnung befeuert. Was wir jahrzehntelang nicht geschafft haben, nämlich den Ausstieg aus Gas und Erdöl, schafft jetzt vielleicht die Furcht vor einer kalten Wohnung in den kommenden Wintern. Diese Angst wird also hoffentlich auch einen bewussteren Umgang mit unseren Ressourcen bewirken. Bisher war vielen, trotz allen eindringlichen Hinweisen der Umweltschützer, nicht bewusst, dass unser Reichtum endlich ist, denn die Angst vor der Überhitzung unserer Erde war nicht spürbar genug.

Um die Thematik anschaulich zu gestalten, habe ich Fallbeispiele aus meiner Praxis eingefügt. Diese entsprechen keinen realen Patienten und Patientinnen, sondern dienen jeweils als eine Zusammenfassung von typischen „Angstgeschichten". Physiologische und chemisch-wissenschaftliche Fakten und Erläuterungen sind zum besseren Verständnis möglichst kurz gehalten und in Kästen eingefügt, wer sich nicht mit sperrigen medizinischen Themen herumschlagen will, kann diese einfach überspringen.

Ich habe dieses Buch geschrieben, weil es mir ein Anliegen ist, die revolutionäre Kraft von Angst darzustellen. Ich möchte diesem so elementaren Gefühl ein wertfreies Mäntelchen umhängen und Leser und Leserinnen dazu anregen, sich mit der Sinnhaftigkeit ihrer Ängste auseinanderzusetzen und somit selbst Strategien zu entwickeln, wie man die eigene Furcht zur persönlichen und auch kollektiven Weiterentwicklung nützen kann. Der Umgang damit fordert die Kreativität und Intelligenz heraus und trägt somit zur Lösung von Problemen bei. Denn Angst ist wertfrei.

Darum: Willkommen, Angst!

Kapitel 1 – Wie entsteht Angst?

Jeder hat das Gefühl schon mal erlebt, wenn scheinbar ein Stromschlag durch den ganzen Körper bis in die Fingerspitzen fährt, obwohl keine Elektrizitätsquelle vorhanden ist, zum Beispiel bei einer Notbremsung. Unser Organismus schaltet in solchen Situationen blitzschnell in einen erhöhten Arousalzustand um, das zentrale Nervensystem ist also aufmerksamer, um unmittelbar auf die Gefahr reagieren zu können. Ausgelöst wird diese Erregung durch sensorische Impulse, die auf einen bestimmten Teil des Hirnstammes, die Formatio reticularis, einwirken. Die Hirnrinde wird erregt und dabei das Hormon Adrenalin ausgeschüttet. Über die Formatio reticularis beeinflusst der erhöhte Arousallevel den gesamten Organismus, vor allem das vegetative Nervensystem. Das führt zu fälschlich empfundenen Phänomenen wie dem des Stromschlags. So werden nicht nur sensible Empfindungen durch Angst ausgelöst, sondern auch Veränderungen im Stoffwechsel. Durch einen Reiz kommt es also zu einer Ausschüttung von Hormonen, die den erhöhten Arousalzustand auslösen.

Es ist wichtig, sich bewusst zu sein, dass jeder Reiz, dem wir ausgesetzt sind, eine chemische Reaktion im Organismus hervorruft. Die Art der chemischen Reaktion entscheidet dann darüber, ob wir diesen Reiz als angenehm oder als beängstigend wahrnehmen. So kann unter Umständen ein und derselbe Reiz ein Glücksgefühl oder auch Panik auslösen.

Stellen wir uns eine Situation vor, die auf zwei Arten wahrgenommen und verarbeitet werden kann:

> 1.: Frau Aa. liegt allein im Bett. Sie weiß, dass ihr Freund bis 01:00 Uhr morgens Dienst hat. Als sie des Nachts aufwacht, hört sie, dass die Eingangstür knackt. Sofort ist sie hellwach und ein Gefühl der Freude erfüllt sie.

> 2.: Frau Aa. liegt allein im Bett. Sie weiß, dass ihr Freund die ganze Nacht Dienst hat und deshalb erst morgens nach Hause kommen wird. Als sie des Nachts aufwacht, hört sie, dass die Eingangstür knackt. Sofort ist sie hellwach, ihr Herz schlägt laut, sie wagt es nicht, die Augen zu öffnen. Sie hat Angst, Panik, sie liegt wie gelähmt im Bett.

Wie dieses Beispiel zeigt, hängt die Auslösung eines Angstzustandes von der Erwartungshaltung ab. Erwarte ich Gefahr, fühle ich mich sicher oder leugne ich gar eine potenzielle Bedrohung? Auch wie stark ein Reiz sein muss, um Angst auszulösen, hängt von der Grundstimmung des Menschen ab. Ängstliche Menschen, die sehr rasch Gefahr vermuten, haben eine geringere Angst auslösende Schwelle als unbekümmerte Persönlichkeiten. Ob ich Angst in einer bestimmten Situation empfinde, hängt also mit meiner Stimmungslage zusammen. Die Interpretation des Reizes geschieht durch die psychische Ausgangslage der Person. Nicht umsonst sind Panikattacken auch Symptome einer Depression. Ein depressiver Mensch ist auch immer ein furchtsamer Mensch.

Die biologischen Grundlagen der Angst

Es ist wichtig, zu bemerken, dass sich die „normale Angst“ von der „pathologischen Angst“ nicht in der Qualität, sondern in der Dauer, der Intensität und der Angemessenheit in Relation zum auslösenden Reiz und im Ausmaß des Vermeidungsverhaltens unterscheidet. Die im Gehirn betroffenen Areale sind in beiden Fällen dieselben, ganz egal, ob die Angst von einer realen Gefahr ausgelöst wird oder sie eine überschießende Reaktion auf einen objektiv ungefährlichen Reiz ist.

Im Gehirn sitzt die Angst – vereinfacht gesagt – im Mandelkern, dem Corpus amygdaloideum. Dieser steht mittels Neurotransmittern (Hirnbotenstoffen) in ständigem Austausch mit

- dem Nucleus paraventricularis (der „Stressachse“) des Hypothalamus,
- dem lateralen Hypothalamus, wo das sympathische Nervensystem aktiviert wird,
- dem Nucleus parabrachialis, der das Atemzentrum beeinflusst,
- dem Locus coeruleus, der für erhöhten Herzschlag und Blutdruck sorgt,
- dem Nucleus reticularis pontis caudalis, wo somatische Reflexe verstärkt werden,
- dem Periaquäduktalem Grau, das das sogenannte Freezing-Verhalten, also das „Erstarren“, auslöst.

Die detaillierten chemischen Abläufe, die unser Angstverhalten auslösen, sind hochkomplex. Zu den wichtigsten zählt jedoch die Ausschüttung der Neurotransmitter Serotonin, Noradrenalin, Dopamin, Gammaaminobuttersäure und Glutamat. Auch die medikamentöse Therapie einer Angststörung setzt bei der Steuerung dieser Neurotransmitter an. Wenn wir uns fürchten, startet im Hypothalamus zunächst die Stressachse durch einen Reiz, der Angst hervorruft. Hier wird dann CRH (Corticotropin-Releasing-Hormon) ausgeschüttet, das wiederum die Hypophyse zur Ausschüttung von ACTH (Adrenocorticotropes Hormon) stimuliert. ACTH regt dann die Nebennierenrinde zur Ausschüttung von Glukokortikoiden wie Kortisol und Kortison an. Anschließend wird über den Nervenstrang des Sympathikus das Nebennierenmark aktiviert. Dieses schüttet dann sofort Adrenalin und Noradrenalin aus. Die Mischung aus verschiedenen Hormonen, die das Gehirn bei einem Angst auslösenden Reiz produziert, verursacht dann in unseren Organen die Reaktion auf diesen Reiz. Sinn und Zweck dieses „Hochfahrens" unseres Organismus ist vor allem die Bereitstellung von Energie, um in einer Gefahrensituation zu überleben. Dazu zählen die Beschleunigung der Herztätigkeit, die Erhöhung des Blutdrucks, die Freisetzung von Glukose und die verstärkte Durchblutung der Muskulatur. Kommt es nicht zu einer Reduzierung der die Angst auslösenden Reize, kann das durch Persistenz der Stresshormone zu gesundheitlichen Schäden führen.

Evolutionsbiologisch betrachtet, sichert Angst das Überleben unserer Spezies. Allerdings haben sich die Lebensbedingungen über Tausende Jahre dramatisch verändert, unser Gehirn ist aber dasselbe geblieben. Sprich, wir haben uns von Jägern und Sammlern zu Sitzern und Schauern entwickelt. Dadurch bedingt, brauchen wir dieses Hochfahren unseres Organismus nicht mehr in diesem Ausmaß. Aber wohin nun mit den tobenden Stresshormonen? Im besten Fall werden sie etwa durch schwere Arbeit oder körperliche Betätigung abgebaut, im schlimmsten Fall kreisen sie in unserem Organismus und verursachen ein Weiterbestehen von Angstzuständen.

Herr Ba. ist als Programmierer beschäftigt. Berufsbedingt sitzt er den ganzen Tag vor dem Computer und muss unter Zeitdruck Lösungen finden. Das erfordert von ihm sehr schnelle Entscheidungen. Abends versucht er, seinen Stress durch Computerspiele loszuwerden, da er die innerliche Spannung weiter empfindet. Dadurch fühlt er sich abgelenkt und er leidet nicht mehr darunter, nicht einschlafen zu können, da er oft bis spätnachts spielt. Leider verspürt er aber immer öfter scheinbar unbegründete Angstzustände, vor allem, wenn er die Wohnung verlässt. Deshalb igelt er sich immer mehr in seinen vier Wänden ein. Sein Essen lässt er zustellen, und seine sozialen Kontakte verlegt er immer mehr in die sozialen Medien. Dort kommuniziert er großteils mit anderen Gamern und tauscht sich mit ihnen über die gemeinsamen Spiele aus. Als sich die Angstzustände nicht mehr durch die Einkapselung in der Wohnung vermeiden lassen und es zu einer dramatischen Panikattacke zu Hause kommt, in deren Verlauf er Atemnot und Herzschmerzen spürt, ruft Herr Ba. den Notarzt. Er wird in eine Notfallambulanz gebracht, wo die Ärzte keine Ursache für seine Symptome finden können. Man legt ihm nahe, psychologische Hilfe in Anspruch zu nehmen, und diagnostiziert eine Angststörung. Das will Herr Ba. aber nicht akzeptieren. Wieder zu Hause macht er weiter wie bisher und konsultiert lieber „Dr. Google“. Dieser „diagnostiziert“ bei ihm eine Lungenfibrose oder eine Herzmuskelentzündung. Herr Ba. ist davon überzeugt, dass er daran sterben wird. Die bald mehrmals täglich auftretenden Angstzustände bestätigen ihn in seinem Glauben.

Wir können nur vermuten, was die erste große Panikattacke bei Herrn Ba. ausgelöst hat. Möglicherweise ein

Bild oder ein Geräusch, jedenfalls ein Reiz, den Herr Ba. nicht bewusst wahrgenommen hat. Im Gegensatz zu Angstzuständen, die einer bestimmten Situation zuordenbar sind (z. B. Flugangst), sind Panikattacken im Rahmen einer generalisierten Angststörung meist an keinem einzelnen Ereignis festzumachen. Sicher ist aber, dass die vagen Angstzustände, die der Panikattacke mit Todesangst vorausgegangen sind, bereits Anzeichen dafür waren, dass die Stresshormone bei Herrn Ba. schon längere Zeit erhöht waren und nicht abgebaut wurden. Oft ist dann ein unbestimmter Reiz der Auslöser für den ersten Crash.

Herr Ba. hat sich durch die vorangegangene monatelange Reizüberflutung in einen permanenten Alarmzustand hineinmanövriert. Computerarbeit ist eine Tätigkeit, die ständige Entscheidungen in einem sehr kurzen Zeitraum von Millisekunden erfordert, sodass unserem Gehirn dauernde Gefahr vorgegaukelt wird. Diese Vorgänge durch Computerspiele auch in der Freizeit weiter zu fördern, führt dazu, dass das Gehirn in einen andauernden erhöhten Arousalzustand mit den bekannten körperlichen Folgen abdriftet. Herr Ba. hätte möglicherweise seinen Zusammenbruch dadurch verhindern können, anstrengende Dauerläufe zu absolvieren, statt sich mit Computerspielen zu „entspannen".

Kann die Neigung zu Angstzuständen vererbt werden?

Wir wissen, dass Angsterkrankungen multifaktorielle Entstehungsmechanismen haben. Dazu gehört auch die genetische Prädisposition. Angst wird also auch vererbt. Rund die Hälfte der Menschen mit pathologischen Angstzuständen haben mindestens einen Elternteil, der ebenfalls darunter leidet.

Ursachen für „vererbte Angst“ können – unter anderem – verschiedene Genvarianten sein:
Genvariante der Monoaminooxidasen
Genvariante gewisser Serotoninrezeptoren
Genvariante des Serotonintransports
Genvariante des Noradrenalintransports
Genvariante der Catechol-O-Methyltransferase
Genvariante im GABA-ergen System
Genvariante der HPA-Achse
Genvariante des Wachstumsfaktors BDNF

Auch die Epigenetik spielt in der Vererbung von Angststörungen durch Veränderung der Expression der Gene – das ist die Vervielfältigung bestimmter Eiweiße in der Zelle – eine Rolle. So können sich zum Beispiel traumatische Erlebnisse, die im Leben der Mutter oder des Vaters stattgefunden haben, epigenetisch auf das Kind übertragen. Studien über die Nachkommen von Holocaust-Überlebenden belegen das. Trotz der Erforschung der Vererbungstheorien durch wissenschaftliche Studien ist es aber schwierig, zwischen dem sozialen Lerneffekt und der direkten genetischen Vererbung bei einzelnen Menschen mit Angststörungen zu unterscheiden.

Frau Ca. ist ein Einzelkind. Sie wuchs durch ihre sehr ängstliche Mutter überbehütet auf. Diese sorgte sich sehr um ihre Tochter, schirmte sie deshalb weitgehend vor der Umwelt ab und musste schließlich ihren Job aufgeben, da sie sich in einem ständigen Erschöpfungszustand befand. Sie übertrug ihr persönliches Unwohlsein auf ihre Tochter und suggerierte ihr, dass die Lehrer zu viel von ihr verlangen würden. Auch war die Mutter ständig in Sorge, dass sich das Kind „überanstrengt“. Deshalb wurde Frau Ca. zu einem „Stubenhockerkind“, das das „Draußen“ als gefährliche Umgebung wahrnahm. Schon als Kind fürchtete sie sich in öffentlichen Verkehrsmitteln vor einer möglichen Entführung oder ansteckenden Krankheiten, weshalb sie täglich von der Mutter mit dem Auto zur Schule gebracht und wieder abgeholt wurde. Sie war zwar eine gute Schülerin, hatte aber keine Freunde, da sie sich nicht traute, sich mit den Schulkameraden zu treffen oder ihnen sonst irgendwie näherzukommen.

Obwohl sie jetzt ihr Studium der Biologie erfolgreich absolviert hat, schafft sie es aus Angst zu versagen nicht, einer regelmäßigen Beschäftigung nachzugehen. Sie bleibt deshalb zu Hause bei ihrer Mutter. Da sich ihre Angstzustände immer mehr häufen und sie aus Angst vor Psychopharmaka nur natürliche und homöopathische „Medikamente" einnimmt, verschlechtert sich ihr Zustand so weit, dass sie einen Suizidversuch unternimmt und daraufhin in ein psychiatrisches Krankenhaus eingeliefert wird.

Drei erkennbare Faktoren dürften für Frau Ca.s Angstzustände verantwortlich gewesen sein: ein genetischer, ein epigenetischer und ein anerzogener. Welche Ursache nun die dominierende war, können wir nicht feststellen. Tatsache ist aber, dass ihr Gehirnstoffwechsel – aus welchen Gründen auch immer – fehlgesteuert ist. Zusätzlich hindert ihre Angst sie daran, nach einer effektiven Behandlung zu suchen. Ein häufiges Problem: Depressive, ängstliche Patienten verweigern oft eine Therapie mit wirksamen Medikamenten, da sie die Nebenwirkungen fürchten.

Gelernte Angst?

Wie man aus der Forschung mit traumatisierten Menschen weiß, kommt es als Folge eines Traumas sehr oft zu einer Angststörung. Diese muss sich keineswegs auf den Inhalt des vorangegangenen Traumas beziehen, sondern kann auch andere Inhalte besetzen. Wissenschaftlich belegt ist aber, dass ein Trauma in der Kindheit oder Jugend sehr viel öfter eine Angststörung als Folge bedingt als im Erwachsenenalter. Deshalb ist es auch so wichtig, dass kindliche Traumata, etwa ausgelöst durch Missbrauch, sofort behandelt werden.

> Herr Da. steht bereits zum dritten Mal wegen eines Raufhandels vor Gericht. Das Delikt ist immer das gleiche: Wenn er sich in einem Lokal nach Alkoholgenuss von einem anderen Gast bedroht fühlt, schlägt er zu. Die Opfer kennen Herrn Da. nicht und hatten vor dem Übergriff keinerlei verbalen Kontakt zu ihm.
> Herr Da. ist selbst in einer Familie aufgewachsen, in der Gewalt zum Alltag gehörte. Der Vater schlug aus heiterem Himmel zu, vor allem, wenn er getrunken hatte. Bei genauerer Exploration erzählt Herr Da., dass der Vater, bevor er zu seinem Schlag ausholte, immer „so ein komisches Gesicht" gemacht habe. Das hätten seine Opfer auch gemacht, da habe er gewusst, dass er sich verteidigen müsse.

Herr Da. ist ein Beispiel dafür, dass ein ganz bestimmter Reiz, der im Gehirn als Alarmsignal gespeichert ist, einen Angstzustand auslösen kann. Viele Betroffene sind sich des Auslösers gar nicht bewusst – häufig entsteht Panik, ohne zu wissen, warum.

Herr Ea. liebt es, in seiner Freizeit bergzusteigen. Er hat weder Angst vor der Höhe noch davor, abzustürzen. Im Urlaub in Cancún, Mexiko, macht er mit seiner Freundin einen Ausflug zur Pyramide in Uxmal. Als Herr Ea. sich beim Aufstieg umdreht und in die Tiefe schaut, bekommt er einen Schwindelanfall und schafft es nur unter Aufwendung all seiner mentalen Kraft und Konzentration, die Stufen hinunterzurutschen, um wieder unten anzukommen. Vorerst vermutet er nicht, dass es sich bei diesem Schwindelanfall um eine Panikattacke gehandelt haben könnte. Er schiebt das Ereignis auf seinen Kreislauf und die Hitze und macht sich nicht weiter Gedanken über das Vorkommnis.

Wieder zu Hause vereinbart er mit seinen Freunden eine kleine Wanderung auf den Traunstein, eine Tour, die er schon viele Male gemacht hat. Bergauf geht alles gut, allerdings bekommt er beim Abstieg, als er in die Tiefe blickt, den gleichen Schwindelanfall wie beim Besteigen der Pyramide. Nur mit der Hilfe eines Freundes, der ihn stützt, kann er absteigen. Eine spätere ärztliche Untersuchung bringt keine Ergebnisse. Bei einem Fahrradausflug erleidet er beim Überqueren einer Brücke erneut einen massiven Schwindelanfall, die Recherche im Internet führt Herrn Ea. schließlich zur Selbstdiagnose: Panikattacken. Er sucht daraufhin erneut einen Arzt auf, der ihn zu einer Verhaltenstherapie schickt, durch die er inzwischen wieder ohne gravierende Probleme bergsteigen gehen kann. Eine nach wie vor bestehende minimale Höhenangst bleibt, mit der kann er aber gut umgehen.

Die Geschichte des Herrn Ea. ist typisch für erlernte Angstzustände, sehr häufig sind das unter anderem Höhenangst, Platzangst oder Flugangst. Oft steht die erste

Attacke tatsächlich im Zusammenhang mit einer körperlichen Ursache, viel häufiger aber tritt sie gemeinsam mit einer längeren Stresssituation auf. Schon beim erstmaligen Auftreten speichert das Gehirn eine solche Attacke als Reaktion auf eine vermeintliche Gefahr ab, da Ereignisse, die eine starke emotionale Reaktion hervorrufen, effektiver im Gedächtnis verankert werden als solche, die uns gleichgültig sind. Unsere tiefen Hirnstrukturen gehorchen dann später keiner Logik, sondern reagieren auf ähnliche Reize wie jene bei der ersten Angstattacke so, als ob Todesgefahr bestünde. Irgendwann kann dann selbst die Vorstellung einer vergleichbaren Situation, wie zum Beispiel sich über einem Abgrund zu befinden, eine panische Reaktion auslösen.

Der Angstauslöser ist also in unserem Gehirn eingeschrieben. Die Behandlungsstrategie muss deshalb sein, diese Informationen durch positive Erfahrungen zu überschreiben. Das geschieht, indem man sich mit der Gefahr konfrontiert und die Angstattacke, vom Behandler begleitet, so oft wiederholt, bis sie nicht mehr auftritt.

Veränderungen im Gehirn durch Angst

Epigenetische Veränderungen

Es kommt durch Vererbung zu chemischen Veränderungen einiger Gene im Körper, zum Beispiel am Monoaminooxidasestoffwechsel. Die Monoaminooxidaseenzyme bauen Hormone (Adrenalin) und Neurotransmitter (Noradrenalin, Dopamin und Serotonin) ab. Wenn diese Enzyme zu aktiv sind, kommt es zu einem Defizit an den genannten Neurotransmittern, und daraus resultiert eine niedrigere Angstschwelle. Eine mangelnde Aktivität der Monoaminooxidasen wiederum kann zu aggressivem Verhalten führen. Dies ist evolutionsbiologisch relevant, da eine schnelle Reaktion auf Gefahrensituationen die Überlebenswahrscheinlichkeit einer Spezies erhöht. Allerdings nehmen heutzutage epigenetisch mitverursachte Angststörungen auf Reize, welche als Lebensgefahr fehlgedeutet werden, zu. Unser Gehirn ist evolutionsmäßig gesehen noch auf einem Level wie vor zigtausend Jahren, es konnte sich in so kurzer Zeit nicht an die ständige Reizüberflutung des 21. Jahrhunderts anpassen. Deshalb vererben wir zunehmend Angstzustände, die mit keiner realen Lebensgefahr in Zusammenhang stehen.

Veränderungen im Gehirn

Im PET, der Positronenemissionstomografie, kann man sehen, dass Menschen mit Angststörungen Veränderungen an der Dichte von Neurotransmittertransportern und auch an der Verteilung von Neurotransmittern wie Serotonin aufweisen. In der Magnetresonanzspektroskopie wurde eine veränderte Rezeptorverteilung im Gehirn nachgewiesen. Diese Untersuchungen geben Aufschluss über die organische Genese der Angstentstehung. In weiterer Zukunft werden sie uns neue Wege zur Behandlung von Angststörungen weisen und hilfreich sein, überschießende Reaktionen auf Trigger zu verhindern.

Funktionelle Veränderungen

Bei Angststörungen sieht man mittels fMR, funktioneller Magnetresonanztomografie, eine Hyperaktivität des Corpus amygdaloideum (Mandelkern) und eine Hypoaktivität präfrontaler Regionen, was darauf hinweist, dass die präfrontale Region die Angstreaktion zu wenig herunterreguliert und damit die Emotionsverarbeitung bei

Angst nicht richtig funktioniert. Der präfrontale Kortex ist dafür verantwortlich, dass wir etwas planen und Probleme lösen können. Im Gegensatz zu den Mandelkernen, die „kopflos“ reagieren, soll diese Hirnregion uns helfen, vernünftig zu reagieren. Wenn nun die präfrontale Region, wie im fMR zu sehen, zu „faul“ ist, übernehmen die „fleißigen“ Amygdalae das Kommando. Wir reagieren „hirnlos“ und panisch. Jede Art von Vernunft ist ausgeschaltet.

Zusammenfassend lässt sich festhalten, dass es oft gar keinen realistischen Grund gibt, sich zu fürchten. Ob und wie etwas aber Angst auslöst, hängt von der Verarbeitung eines Reizes ab. Unser Gehirn reagiert auf einen Auslöser entweder mit Gelassenheit oder Panik – beides wird jeweils von multiplen Faktoren bestimmt, unter denen drei besonders ausschlaggebend sind.

1. **Positive oder negative Erfahrungen in der Vergangenheit mit einem ähnlichen Reiz:** Hat man bereits erlebt, dass man in einer bestimmten Situation Herr der Lage geblieben ist, dann wird eine überschießende Angstreaktion zumeist vermieden, während ein vorangegangenes „Versagen“, also eine negative Erfahrung mit der Situation und ihrer Bewältigung, die psychischen Folgen unter ähnlichen Bedingungen verschlimmert.
2. **Die Stimmungslage und damit der Neurotransmitterstatus zum Zeitpunkt des auslösenden Reizes:** Glückliche Menschen kann so leicht nichts erschüttern, während sich die Trauer oft Angst als Begleiterin sucht. Viele depressive Menschen leiden

deshalb auch an Angststörungen. Jeder von uns kennt außerdem das Phänomen, dass man sich im euphorischen Zustand der Verliebtheit kaum jemals fürchtet. In Phasen der „Weltuntergangsstimmung" dagegen fürchtet man sich ständig.

3. **Genetische Vorgaben, die den Stoffwechsel der Botenstoffe bestimmen:** Unsere ängstlichen oder nicht ängstlichen Vorfahren bestimmen durch Genvarianten in unserer Erbmasse unsere Angstpotenz.

Kapitel 2 – Das Geschäft mit der Angst

Womit lässt sich leichter Geld verdienen als mit dem Versprechen, ein Heilmittel gegen Angst anbieten zu können? So steht es zwar meist nicht direkt im Angebot, sondern es geht um „Glück", „Gesundheit", „Heilung", „Selbstoptimierung", „Gemeinschaft" und so weiter. Aber dahinter steht nichts anderes als: Wir erlösen dich von deiner Angst vor Krankheit, Einsamkeit, Alter, Liebesverlust, Trauer, Tod ... Dieses Versprechen beruht auf dem Mechanismus der Autosuggestion, und wenn es auch verstandesmäßig Humbug ist, so wirkt es in vielen Fällen erstaunlich gut. Das Wirkprinzip ist das des Placebos, denn tatsächlich bewirkt jede Art von Glauben eine gewisse Veränderung der Neurotransmitter und damit eine emotionale Veränderung. Diese Tatsache birgt somit ein großes Feld an Geschäftsmöglichkeiten, die von vielen Branchen genützt werden – wie sonst könnte etwa der Markt mit völlig unwirksamen Mitteln gegen das Coronavirus boomen?

Geschäftsfelder, die Angstfreiheit versprechen, haben eine lange Tradition, und die Profite durch ängstliche Menschen ebenfalls. Profis im psychologischen Angstbusiness waren und sind vor allem esoterische, religiöse und transzendentale Anwender. All diese Vermarkter der Angstabwehr bedienen sich einer Eigenart der Menschen: dem Glauben an Magie. Und tatsächlich gibt es einen Ort in unserem Gehirn, an dem das magische Denken sitzt: Schon 1937 beschäftigte sich der Neuroanatom James Papez mit der Frage: „Ist Emotion ein magisches Produkt oder ist es ein physiologischer Prozess, der von einem anatomischen Mechanismus abhängt?" Inzwischen können wir diese Frage eindeutig beantworten, denn sowohl Emotion als auch das magische Denken sind ein Produkt von Erregung im limbischen System, das ist auch das Areal, in dem die Angst „wohnt".

Es ist einleuchtend, dass die Geschäftsbereiche, die die Beseitigung von Angst versprechen, versuchen, den Ursprung dieses Gefühls im Gehirn zu aktivieren. Generell sind alle nicht-wissenschaftlichen Methoden zur Bekämpfung von Angst in irgendeiner Weise dem magischen Denken zuzuordnen. All diese spirituellen Richtungen gaukeln den Menschen vor, ihnen wieder die Kontrolle über ihr Leben zu geben – Kontrolle bedeutet in diesem Zusammenhang Angstreduzierung. Ob die Art dieser Kontrolle nun darin besteht, dass angeblich fehlgeleitete Energien wieder in die richtigen Bahnen gelenkt werden oder ein höheres Wesen gegen einen Obolus – finanzieller Natur oder in Form einer unangenehmen Aufgabe wie Reue, Buße oder Erdulden von Strafe – beim Verängstigten die Angst reduziert, ist einerlei. Die Illusion, zu kontrollieren und dem Schicksal nicht wehrlos ausgesetzt zu sein, beruhigt. Sehr viele Geschäftszweige, die den Markt der Furcht beackern, setzen auf das Versprechen, die Angst wieder in den Griff zu bekommen. Selbstverständlich gibt es in all diesen Bereichen auch Menschen, die mit besten Absichten arbeiten. Man kann auch hier nicht alle in einen Topf werfen. Dennoch gibt es gerade in den folgenden Branchen Negativbeispiele in unverhältnismäßig großer Zahl.

Religionen

Religionsgemeinschaften versprechen ihren Anhängern, dass sie sich der Angst oder Unsicherheit entledigen können, indem sie die Aufsicht über die Wirrnisse des Lebens an ein höheres Wesen delegieren. Selbstverständlich ist diese delegierte Kontrolle sehr oft nicht gratis. Zumeist werden Leistungen verlangt, die entweder das Konto der Religionsgemeinschaft aufbessern oder auch durch Informationsweitergabe, etwa in Form der Beichte, die Macht der Entscheidungsträger dieser Gemeinschaft vergrößern. „Freikaufen" kann man sich in allen Religionen durch vermeintlich freiwillige Zuwendungen – in welcher Form auch immer, seien es Geld-, Taten- und auch Sachspenden. Das fängt im Kleinen an, etwa für das Anzünden einer Kerze in einer katholischen Kirche zu spenden, im buddhistischen Tempel ein Lebensmittelopfer zu bringen oder monetäre Abgaben wie die islamischen *Zakah* und *Sadaqa* zu bezahlen.

Es ist allen Religionsgemeinschaften gemein, dass die Gunst des höheren Wesens auf die eine oder andere Art erworben werden kann, oft und vorzugsweise gegen ein Entgelt. Dieser Geldquellen bedient sich wiederum eine riesige Wirtschaftssparte mit vielen Arbeitnehmern in der Verwaltung oder jenen Menschen, die den Altar schmücken, mit Vormeditierern, Vorbetern, Fastenbegleitern und so weiter. Einige *Big Player* nützen zur Vermehrung ihrer Finanzen sogar eine eigene Bank.

Die Entwicklung heutiger Zivilisationen fußt auf Regeln, viele davon dienen der Angstabwehr. Das ist uns gar nicht bewusst, denn wir können uns ein Leben ohne diese Vorgaben – von Verkehrsregeln bis zu sozialen Konventionen – gar nicht vorstellen. Die Religionen haben sich diese Tatsache zunutze gemacht, indem sie den

Gläubigen ermöglichen, die Kontrolle über die eigenen Ängste an ein höheres Wesen weiterzugeben. Denn wer eignet sich besser als Kontrollorgan als ein Gott, den man selbst nicht sieht, der einen aber immer beobachtet? Gott sieht schließlich alles. Viele dieser entängstigenden Regeln sind sehr erfolgreich, denn die Gläubigen fühlen sich nach dem Anzünden einer gekauften Kerze oder nach der Spende für ein hungriges Kind in Afrika besser und weniger ängstlich. Voraussetzung für die Wirksamkeit ist allerdings der Glaube daran. Der Zweifler muss leider weiterhin mit seinen Ängsten leben, denn er kann die rationelle Skepsis nicht ausblenden. Ganz frei von dieser Art des magischen Denkens sind sogar sehr rationale Menschen nicht, denn auch sie – selbst wenn sie das Muster dieser Religionsregeln durchschauen – ertappen sich manchmal dabei, in Notsituationen „Gott" um Hilfe anzuflehen.

Herr Fa. ist Biochemiker, ein Naturwissenschaftler aus Überzeugung. Er verabscheut alle rund um das Coronavirus grassierenden Fake News, die einer wissenschaftlichen Grundlage entbehren. Darum hat er sogar einen eigenen Blog gestartet, mit dem er versucht, Coronaleugner und Impfgegner von der Richtigkeit der Forschungen über das Virus zu überzeugen. Gleichzeitig zwingt Herrn Fa. ein innerer Drang dazu, Kirchen zu betreten, wenn er daran vorbeigeht, und für jedes seiner engeren Familienmitglieder eine Kerze anzuzünden, um eine Ansteckung mit dem Virus abzuwenden. Die Lichter werden dabei von ihm genau abgezählt und selbstverständlich auch bezahlt. Fehlen Herrn Fa. Münzen für die gesamte Summe, dann spendet er großzügig und bezahlt auch mal mit einem großen Schein. Er selbst bezeichnet sein Verhalten als schrullig, gibt aber zu, dass er es bei jemand anderem für dumm halten würde.

Herr Fa. glaubt nicht an Gott oder ein höheres Wesen, trotzdem bleibt er Mitglied der katholischen Kirche. Wenn er darauf angesprochen wird, weshalb er Kirchenbeitrag zahlt, erklärt er, dass die Kirche schließlich die Kosten für ihre Gebäude bestreiten müsse und er ihre karitative Tätigkeit unterstützen wolle.

Anhand dieses Beispiels sieht man, dass auch rationale Menschen nicht vor magischem Denken gefeit sind und wie sehr religiöse Institutionen dieses magische Denken manipuliert haben und benutzen. Wieso zündet Herr Fa., wenn er sich schon dazu gedrängt fühlt, nicht einfach bei sich zu Hause Kerzen an? Das wäre einfacher und billiger. Die Religionen haben mit dem Erschaffen von magischen Tempeln die rituelle Abwehr von Angst in ihre Kirchengebäude verlegt, ein sehr erfolgreiches Geschäftskonzept. Tatsächlich bezahlt Herr Fa. den Kirchenbeitrag, weil es sein limbisches System, gegen das er sich auch als sehr vernünftiger Mensch nicht wehren kann, verlangt. Es sorgt dafür, dass unlogische Gedanken und Handlungen unter bestimmten Umständen doch plausibel erscheinen.

Im letzten Jahrhundert ist den großen Tempelbetreibern durch die Entstehung von Konsumtempeln eine schlimme Konkurrenz erwachsen. Letztere sind schriller und lauter, sie versprechen „Erlösung“ durch den Kauf von Artikeln, die man im Hier und Jetzt – und nicht erst im Jenseits – in die Hand nehmen kann. Das Prinzip sowohl der religiösen als auch der kapitalistischen Heilversprechen ist aber dasselbe: „Fürchte dich nicht, denn wir haben eine Lösung für dich!“ So wird die Angst der Menschen zur perfekten Kaufmotivation.

Esoterik

Unter Esoterik subsummieren sich Lebenswelten, die allein auf dem Glauben an nicht fassbare Vorgänge oder spirituelle Geheimlehren basieren. Was den Glauben an Geister, frei flottierende Schwingungen, Kräfte und Energien in Materialien und anderwärtigen Zauber verbindet, ist, dass es sich dabei immer um ein Geheimnis handelt, das nur dem daran Glaubenden offenbart wird: ein weites Geschäftsfeld für selbst ernannte Wissende. Dabei gilt: Je einfacher und weniger profund die Erklärung für das Produkt, das heilen soll, desto besser lässt es sich verkaufen.

Frau Ga. leidet unter – wie sie es bezeichnet – einer sensiblen Psyche: Sie fühle die Schwingungen der Mitmenschen viel stärker als „gewöhnliche" Menschen. Deshalb nehme sie auch alle schädlichen Energien, die um sie herum wüten, viel stärker wahr und fühle sich dadurch immer erschöpft und ausgepowert. Eine Freundin, die eine esoterische Zeitung abonniert hat, empfiehlt ihr einen Energetiker, der in der Lage sei, ihren fehlgeleiteten Energiehaushalt zu stabilisieren und um sie ein energetisches Schutzschild zu bauen. Gegen eine „Spende" von 300 Euro ist der Guru bereit, sie zu empfangen und zu behandeln. Die Séance mit Klangschalen, Räucherkräutern und seinen heilenden Händen ist kurzfristig erfolgreich: Frau Ga. verlässt die Sitzung beschwingt und guter Hoffnung, dass ihre körperliche Schwäche und ihre ängstliche Stimmung beseitigt sind. Doch natürlich ist es mit einer Behandlung nicht getan. Zu ihrem Glück hat ihr der Guru auch einen Mix aus energetisch aufgeladenen Kügelchen mitgegeben. Wichtig bei der Einnahme dieses geheimen Mittels sei jedoch, dass genau abgezählte 73 Kügelchen im Freien und bei Neumond um Punkt 24:00 Uhr eingenommen werden. Das Mittel sei sonst wirkungslos, weil es eine Information des Inhaltsstoffes beinhalte, die nur unter diesen Bedingungen freigesetzt werde.

Viel Stress also für Frau Ga.: das Warten auf den Neumond, das Suchen eines geeigneten Platzes im Freien und vor allem das Abzählen von genau 73 winzigen Kügelchen, die dann auch noch einzeln auf die Zunge platziert werden müssen. Es ist fast unmöglich, dass dabei nicht ein Fehler passiert.

Genauso geschieht es: Die komplizierte Einnahme der Wundermedizin, die Frau Ga. so genau geplant hatte, scheitert daran, dass es in der Finsternis praktisch nicht möglich ist, mit einer Hand die Taschenlampe zu halten und mit der anderen die zwar schon abgezählten, aber einzeln in den Mund zu transportierenden Kügelchen handzuhaben. So landen einige Kügelchen statt im Mund auf dem Boden, und da findet man sie im Dunkeln natürlich nicht mehr. Frau Ga. ist verzweifelt, alle Hoffnung auf Besserung scheint verloren im Gras. Zu all diesem Unglück gesellt sich jetzt auch noch das schlechte Gewissen, den Auftrag des Gurus nicht korrekt erfüllt und deshalb seinen Zorn auf sich gezogen zu haben. Frau Ga. traut sich daraufhin aus Angst vor einer Rüge nicht mehr zu dem „Heiler“.

Das Beispiel von Frau Ga. zeigt einen wichtigen und häufig wiederkehrenden Aspekt bei der Behandlung durch Gurus und Heiler: Die vermeintlichen Patienten müssen nämlich meist das Weiterbestehen ihrer Beschwerden selbst verantworten, weil entweder die Anordnungen kaum zu erfüllen oder aber die Erfolgsaussichten so formuliert sind, dass der Misserfolg als Erfolg umgedeutet werden kann. Denn bei Homöopathie, Energetik oder Druidenmedizin wird eine anfängliche Verschlechterung der Symptome oft als gutes Zeichen für das Ansprechen auf die Therapie verkauft. Ein Schulmediziner hätte keine Patienten mehr, wenn er diesen eine Verschlechterung ihrer Angstzustände als positiv verkaufen würde. Doch energetische Heiler übernehmen keine Verantwortung für die Genesung ihre Klienten. Diese Branche reüssiert auch in Bezug auf Angst weiter, obwohl mit ihren schwindeligen Methoden keinerlei nachhaltige Heilung von Angstzuständen oder sonstigen Erkrankungen belegbar ist.

„Hilft es nicht, schadet es nicht", ist ein oft verwendetes „Argument" in diesem Zusammenhang. Leider ist das aber nicht immer richtig, denn durch die Inanspruchnahme angeblicher Heilalternativen werden wirksame Behandlungen oft hinausgezögert oder verhindert. Vor allem bei Angststörungen zerstören sie so nicht nur das weitere Leben der Betroffenen, sondern auch das ihrer Familien. Gerade die Coronapandemie hat uns drastisch vor Augen geführt, welche Auswirkungen die kuriosen Ansichten der Esoterikszene haben können. Demonstrationen gegen die Impfung und die Leugnung beziehungsweise Verniedlichung des Virus an sich trieben viele Menschen in Ansteckung, Krankheit und den Tod. Krause Slogans wie „Mein Immunsystem ist stark", „Impfungen sind Völkermord", „Impfmafia stoppen" und andere werden auch von Anhängern alternativer „Heilmethoden" vertreten. Es ist für Menschen verlockend, den Versprechungen solcher Quacksalber zu folgen, da diese einen einfachen Ausweg aus einer komplexen Situation bieten, indem sie die Pandemie entweder gänzlich leugnen oder aber versprechen, im Falle einer Ansteckung die Krankheit heilen zu können. Das Angebot gegen das Virus – falls sie dessen Existenz überhaupt anerkennen – erstreckt sich dann vom Ausräuchern bis zur Empfehlung von Pferdeentwurmungsmitteln als angeblich wirksames Medikament. Vor allem sehr erschütternd ist die Tatsache, dass mit diesen Menschen keinerlei sachliche Diskussion möglich scheint, da ihre Meinung allein auf dem unerschütterlichen Glauben fußt. Glauben und Wissen sind auch bezüglich ihres Entstehungsortes im Gehirn zwei unterschiedliche Dinge. Wie ein Mensch mit seiner Angst vor der Seuche umgeht, ist eine Entscheidung zwischen den beiden. Auch Wissenschaftler haben Angst zu erkranken, ihr Umgang mit dieser Furcht ist allerdings einer, der den „vernünftigen" Präfrontallappen bemüht und nicht den simplen Lösungen folgt, die der Glaube im limbischen System anbietet. Ganz gefeit vor der Anwendung von esoterischen Therapien sind aber weder gestandene Wissenschaftler noch eigentlich durch und durch rationale Menschen. Immer wieder nehmen schwer erkrankte Patienten, die eigentlich äußerst vernünftig scheinen, zusätzlich zur wissenschaftlichen Medizin auch alternative Behandlungen in Anspruch. Je größer die Angst, desto mehr neigt der Mensch dazu, den Impulsen aus seinem limbischen System zu folgen.

Lebenscoaches und -berater

Auch die Beraterbranche profitiert von unseren Ängsten. Da die Unterscheidung zwischen wissenschaftlich ausgebildeten Therapeuten und der Liga der selbst ernannten Coaches, Lebensberater und „psychologischen Berater" für den Konsumenten schwierig ist, steht dem Wildwuchs an Scharlatanen kaum etwas im Weg. Darum ist es sehr wichtig, sich bei der Suche nach Hilfe nach Beratern umzusehen, die eine staatlich anerkannte Ausbildung und/oder ärztliche Referenzen besitzen.

Es gibt eine Unzahl an Anbietern, die für mehrere tausend Euro in kurzer Zeit eine Ausbildung zum Coach verkaufen. Erst einmal „ausgebildet", müssen sich diese Berater dann umgehend um möglichst viele Klienten kümmern, um die Ausbildungskosten wieder hereinzubekommen. An Angstzuständen leidende Menschen sind als Kundschaft dabei ein leichtes Ziel. Und ist dann ein solcher Angstpatient erst mal in die Fänge der Coaches geraten, heißt es für diese, den Klienten auch möglichst lange zu behalten, denn wöchentliche Sitzungen über Jahre hinweg sind eine sichere Einnahmequelle.

All die Lebensberater bedienen aber auch den „Markt der Einsamkeit" und damit den Mangel an kommunikativem Austausch zwischen Menschen. Tradierte Möglichkeiten des, wenn auch unverbindlichen, Gesprächs gibt es ja immer seltener. Waren es früher die Nachbarn, die sich für einen schnellen Plausch anboten, das Beieinanderstehen nach dem Marktbesuch, der Besuch des Gasthauses nach der Messe und natürlich auch diese selbst, existieren viele dieser Diskursmöglichkeiten heute nicht mehr. Vielfach übernehmen nun Coaches diese wichtigen Funktionen, natürlich gegen Honorar.

Die modernen „Angstlöser" haben sich einen Markt gebaut, der immer weiter in das Feld der tatsächlich gut und fundiert ausgebildeten Experten hineinragt: selbst ernannte Lebens-, Ernährungs- und Fitnessberater, Aromatherapeuten, Gesundheits- und Abnehmcoaches, Feng-Shui-Experten, Wüschelrutengeher und viele mehr. Sie versprechen ihrer Kundschaft auch – ob direkt oder indirekt –, ihnen die Angst vor dem Tod „wegzucoachen".

Frau Ha. ist eine einfache Frau mit schlichtem Gemüt, die davon überzeugt ist, dass alle in ihrer Umgebung schlauer sind als sie. Darum ist sie leicht zu beeinflussen. Seit einiger Zeit leidet sie an Schlafstörungen: Sie kann schlecht einschlafen, wacht nachts auf und kommt dann nicht mehr zur Ruhe. Sie wird von Ängsten geplagt, wie es wohl mit ihrem arbeitslosen Sohn weitergehen soll, den sie nach wie vor finanziell unterstützt, und macht sich Vorwürfe, ihn falsch erzogen zu haben.

Sie vertraut sich der Nachbarin an, die sofort einen guten Rat parat hat: Sie empfiehlt, doch ihre Tochter, die Lebenscoachin ist, aufzusuchen.

Diese empfiehlt Frau Ha., den Kontakt zu ihrem Sohn abzubrechen und sich selbst zu optimieren, indem sie sich Gutes tut. Dabei ist ihr die Lebenscoachin natürlich behilflich, neben den wöchentlichen Beratungsgesprächen bei ihr vermittelt sie Frau Ha. an eine Ernährungsberaterin und einen Fitnesscoach. Erstere stellt mehrere Unverträglichkeiten fest, derentwegen sie auch die von Zweiterem verkauften Proteinshakes nicht trinken kann. Frau Ha. befolgt zunächst die Ratschläge ihrer Berater, doch das Ergebnis ist ernüchternd: Sie vermisst ihren Sohn und schläft dadurch noch schlechter, zudem gerät sie durch die Kosten für die verschiedenen Coaches in finanzielle Schwierigkeiten.

Wie bei den esoterischen „Heilern“ ist auch bei den Coaches der Klient immer selbst schuld, wenn die „Therapie“ nicht greift. So auch Frau Ha., der von ihren Beratern eine lange Liste von Verfehlungen vorgelegt wird – sie sei nicht konsequent genug, ihren Sohn wirklich aus ihrem Leben zu verbannen; sie habe trotz der diagnostizierten Unverträglichkeiten die Proteindrinks zu sich genommen und sich nicht an den Ernährungsplan gehalten; das Fitnessprogramm sei nicht konsequent durchgeführt worden.

Frau Ha.s Geschichte fand aber trotzdem ein gutes Ende, denn ihr Sohn merkte durch die auferlegte Kontaktbeschränkung, dass er seine Mutter vermisste und ihre Fürsorge keine Selbstverständlichkeit war. Da die Ausgaben für ihre „Optimierung" sehr hoch waren und Frau Ha. ihn nicht weiter finanziell unterstützen konnte, entschloss er sich, wieder arbeiten zu gehen. Frau Ha.s Schlafstörungen wurden durch die Einnahme von Hormonen gegen ihre Wechselbeschwerden, die oft mit Schlafstörungen einhergehen, behoben. Das Rezept dafür hat ihr der Gynäkologe auf Krankenschein ausgestellt.

Was Religionen, Esoterikszene und die Lebenscoach-Branche verbindet, ist ihr Versprechen, über Wissen zu verfügen, wie man Ängste beseitigen kann. Durchschaubar ist, dass sich für diese Art der Behandlung das Leugnen von Tatsachen perfekt eignet: Sie haben Angst vor einer ansteckenden Krankheit? – Kein Problem, das Virus gibt es ja gar nicht! Sie fürchten sich vor Krebs? – Kein Problem, der wird durch böse Energien hervorgerufen, die man in positive Energie umwandeln kann! Sie können nicht schlafen? – Kein Problem, durch Auspendeln der Wasserader und durch den Erwerb einer wasseraderabwehrenden Matte werden Sie wie ein Murmeltier schlafen! Mit der Aufzählung solcher vermeintlichen Erklärungen könnte man ein eigenes Buch füllen. Doch warum fallen Menschen so oft auf diesen Nonsens herein? Und warum helfen solche an den Haaren herbeigezogenen Ratschläge vielen Menschen tatsächlich, sich weniger zu fürchten?

Alle diese Hilfestellungen setzen auf das Prinzip der Hoffnung, und diese hat nachweisliche Effekte. So wie die selbsterfüllende Prophezeiung negative Impulse verursachen kann, so kann sie auch das Gemüt der Menschen zuversichtlich stimmen. Wir kennen den gut untersuchten Placeboeffekt eines jeden Medikaments: Jede Pille wirkt umso besser, je überzeugender sie verordnet wird. Wenn der Arzt dem Patienten das Mittel mit den Worten verschreibt: „Nehmen Sie das, dann geht es Ihnen gleich besser!“, dann wird dieser sich auch bei einem Medikament ohne Wirksubstanz wohler fühlen. In jeder homöopathischen „Arznei“ ist dagegen nur Milchzucker oder Alkohol enthalten. Dabei wirkt ausschließlich der Glaube an eine Energie, die in ihr gespeichert sein soll.

So kann man auch die Wirkung von Glauben, Esoterik und Beratung diverser Art erklären. Jede solche Beeinflussung nützt die Hoffnung des von Angst Geplagten auf eine Besserung seiner verzweifelten Lage aus. Logisch – wenn man sich fürchtet, möchte man, dass die Furcht weggeht. Man hofft, dass man durch irgendeine Hilfe wieder angstfrei wird. Schon allein dieses Hoffnungsbedürfnis sorgt dafür, dass man auf „Therapien“ hereinfällt, die man ohne Angstzustand nie in Betracht ziehen würde. So ist es sehr verständlich, dass sich jemand zum Beispiel angesichts einer tödlichen Erkrankung an jeden Hoffnungsstrohhalm klammert.

Anders als jene Geschäftemacher, die zur Bekämpfung der Furcht handfeste Lösungen oder Materialien wie Drogen anbieten, kommt die „Wunderwunschbranche“ der Esoteriker und Berater mit vagen Versprechungen aus. Sie weigern sich auch, jegliche Verantwortung für die Verbesserung des Zustandes zu übernehmen. Dieser Missbrauch der Hoffnung auf Entängstigung ist zweifelsohne verwerflich, genauso wie das Bestreben, daraus Einnahmen zu lukrieren. Doch es ist auch eine Frage der Perspektive: In einer Paniksituation empfinde ich jegliches Versprechen der Besserung als hilfreich und bin, wenn der Leidensdruck groß genug ist, wahrscheinlich bereit, auch größere Summen für ein wenig Hoffnung zu bezahlen. Denn ich möchte ja nur, dass diese Gefühlslage – wie auch immer – verschwindet. Betrachte ich aber jemand anderen in einer solchen Lage von außerhalb, dann werde ich dieses Wecken von Zuversicht ohne reale Grundlage als anrüchig wahrnehmen.

Wieder kommt es also darauf an, welches unserer Hirnareale die Lage beurteilt, der Sitz der Emotion oder der des Verstandes.

Fest steht aber: All die „Wissenden" in Religion, Esoterik und zweifelhaften Coachings verkaufen Hoffnung als Artikel. In des Kaisers neuen Kleidern friert man aber dann auch. Für einige Zeit können diese Kleider jedoch tatsächlich manchmal das Gefühl von Schutz und Wärme vermitteln.

Drogen

Allein in Europa machen Drogendealer geschätzte 30 Milliarden Euro Umsatz pro Jahr. Davon hatte Cannabis zum Jahr 2017 einen Anteil von rund 11,6 Milliarden Euro. Es ist bekannt, dass das Drogengeschäft Megaumsätze beschert. Aber nicht nur illegale Drogen bedienen den Finanzmarkt, Alkohol und Nikotin versprechen auch gute Gewinne. Aber warum konsumieren Menschen Drogen?

Meist beginnt es harmlos: ein Zug an einer Zigarette, ein Prosecco zum Geburtstag, ein Joint, der bei einer Party herumgereicht wird. Kein Drogenkonsument startet gleich mit der vollen Dosis. Leider ist es jedoch so, dass die Droge schon bei der ersten Konsumation sofort ein Gefühl der Entspannung vermittelt. Diese Erfahrung wird prompt in unserem Gehirn gespeichert. Ab diesem Zeitpunkt hat das Zerebrum gelernt: Nikotin bedeutet

Entspannung, Alkohol Freude, Kokain keine Angst, Cannabis Zufriedenheit oder auch Gleichgültigkeit. Die Drogenkonsumation führt anfangs immer zu einem Wohlgefühl und dem damit verbundenen Wunsch, dass sich dieses wiederholen soll. Deshalb vermittelt schon allein die Aussicht auf die neuerliche Konsumation Vorfreude. Irgendwann wird das Leben durch das Verlangen nach stetigem Genuss bestimmt. Der nach der Verabreichung und dem Hochgefühl eintretende Kater muss auch wieder mittels Droge beseitigt werden. Es geht dann nur mehr darum, die im Entzug auftretenden Angstzustände möglichst schnell wieder mittels der neuerlichen und gesteigerten Zufuhr der Substanz unter Kontrolle zu bringen.

Drogendealer, auch legale wie der Staat oder alle Verkäufer von Alkohol, sind daran interessiert, die Sehnsucht nach der Substanz zu befeuern. Da hilft kein Werbeverbot, helfen keine abschreckenden Bilder auf Zigarettenpackungen und auch keine Zeitungsberichte über Drogentote. Das menschliche oder, besser gesagt, das Gehirn der Säugetiere liebt den Rausch. Selbst Affen genießen nachweislich die Auswirkungen von Alkohol, allein, sie haben ein Beschaffungsproblem. Dieses wird bei uns Menschen durch eine perfekt organisierte Drogenbeschaffungsindustrie gelöst, die damit ebenfalls ein Nutznießer der Angst ist. Auch der Staat profitiert vom Handel mit den entängstigenden Substanzen.

Es wäre naiv, zu glauben, dass Deutschland und wahrscheinlich in Zukunft auch Österreich den Cannabiskonsum straffrei stellt, um die Konsumenten vor den „bösen" Drogendealern zu beschützen. Der Staat als „fürsorglicher" Drogendealer verdient durch die Steuern, die er mit dem legalen Verkauf einnimmt. Außerdem erspart er sich die Kosten für polizeiliche Einsätze und allfällige Inhaftierungen. Dieses Geschäft ist der Republik ja bereits durch ihr bewährtes Business mit Alkohol und Zigaretten geläufig. Im Drogenbusiness wird der Staat gleichzeitig zum Dealer und Drogenfahnder, eine groteske Situation.

Pharmaindustrie

Die Pharmaindustrie gibt es nicht nur wegen der Angst vor psychischen und physischen Gebrechen, sondern auch und vor allem wegen der Angst vor dem Tod. Damit soll aber nicht in das bekannte Horn der Pharmaindustriebekämpfer über die angeblich verbrecherische Medikamentenlobby gestoßen werden. Unabhängig von ihrem üblen Image hat die Entwicklung von Medikamenten, die gegen Angst, Depressionen und andere Erkrankungen wirken, Millionen von Menschen gerettet. Die Gewinne der Pharmaindustrie sind also durchaus gerechtfertigt, wenn man die Kosten für Krankenstände, Krankenhausaufenthalte und Pensionierungen der Erkrankten ohne Behandlung gegenrechnet.

Wenn man in Wien den Narrenturm besucht, der im späten 18. Jahrhundert erbaut wurde und als eine der ersten psychiatrischen Kliniken Europas gilt, kann man sich vorstellen, unter welchen Bedingungen psychisch Erkrankte noch vor 200, ja 100 Jahren existieren mussten. Damals gab es als einzige Möglichkeit der Behandlung absonderliche Verfahren, die Foltermethoden gleichkamen – vor allem das Wegsperren. Die im Narrenturm befindlichen Zellen, in denen psychisch Kranke untergebracht wurden, hatten nach der Errichtung des Gebäudes nicht einmal Türen.

Das erste Antidepressivum – abgesehen von Opiaten – war Chlorpromazin, das der Schweizer Psychiater Roland Kuhn am 6. September 1957 vorstellte. Er hatte zufällig die stimmungsaufhellende Wirkung dieses Mittels entdeckt, obwohl es zunächst für die Behandlung von Schizophrenie gedacht war. Heute werden in Österreich jährlich circa 6,6 Millionen Packungen Antidepressiva verabreicht, Chlorpromazin wird unter dem Namen Imipramin immer noch vertrieben. Die Folgegeneration der Antidepressiva hat allerdings weniger Nebenwirkungen und die Medikamente werden ständig verbessert.

Auch bei unserem Gehirn handelt es sich nur um ein Organ, das einer Steuerung unterliegt. Ist diese Steuerung fehlerhaft, greifen Medikamente gegen Depressionen und Ängste ein, um wieder ein Gleichgewicht der Neurotransmitter zu bewirken. Leider sind diese Medikamente aber nicht bei allen Patienten wirksam. Ein großer Nachteil ist auch, dass sie im Gegensatz zu Tranquilizern, also Beruhigungsmitteln, keine sofort spürbare Wirkung zeigen, was viele Patienten dazu bewegt, die Behandlung abzubrechen, bevor die Depression mit den Ängsten als eines ihrer Symptome darauf anspricht.

Die Wissenschaft beschäftigt sich auch immer mehr mit der genetischen Konstellation von Menschen mit pathologischen Ängsten. Wir wissen um die genetische und epigenetische Grundlage dieser Erkrankungen (siehe Kapitel 1). Es wäre ein Segen, wenn die Forschung Medikamente, die kaum Nebenwirkungen und einen schnellen Wirkungseintritt ohne Suchtgefahr haben, dagegen entwickeln würde.

Frau Ia. schleppt sich täglich zur Arbeit. Da sie wegen ihrer Panikattacken weder mit dem Auto noch dem Fahrrad oder öffentlichen Verkehrsmitteln zu ihrem Arbeitsplatz fahren kann, geht sie morgens eine Stunde zu Fuß dorthin und am Abend eine Stunde retour. Zu Hause angekommen, schafft sie es nur mehr ins Bett. Da liegt sie dann nach einer Stunde Schlaf den

Rest der Nacht wach und fürchtet sich vor dem nächsten Tag. Da Frau Ia. nicht nur an Panikattacken und Schlafstörungen, sondern auch an einer selbst diagnostizierten Nahrungsmittelunverträglichkeit mit Bauchschmerzen leidet, sucht sie ihren Hausarzt auf. Der diagnostiziert eine Depression mit den dafür typischen Symptomen und schlägt eine Behandlung mit einem Antidepressivum vor. Allein der Hinweis, dass es sich um eine psychische Erkrankung handeln könnte, empört Frau Ia. so, dass sie den Hausarzt wechselt. Sie will nie wieder zu einem Arzt gehen, der die Pharmaindustrie unterstützt. Deshalb wendet sie sich an eine Heilerin. Die von dieser verordneten Tees bessern anfangs tatsächlich die Bauchschmerzen, und Frau Ia. vermeint auch, dass die Schlafstörungen auf den Tee ansprechen. Sie glaubt zu verspüren, dass sie während der Wachphasen zumindest dahindöst. Leider ist diese Besserung aber nicht von Dauer, denn die Panikattacken verschlimmern sich derartig, dass sie den Weg zur Arbeit nicht einmal mehr zu Fuß schafft. Als sie mit Atemnot zusammenbricht, wird sie von der Rettung ins Krankenhaus gebracht. Dort stellt man fest, dass sie weder Herz- noch Lungenschäden hat, aber an Angststörungen leidet. Ein hinzugezogener Psychiater schlägt ihr eine medikamentöse Therapie vor, die sie nun auch akzeptiert. Sie wird seine Patientin und tatsächlich bessern sich ihre Angstzustände allmählich. Die Schlafstörungen sind durch die Gabe eines schlafanstoßenden Psychopharmakons sogleich behoben, zusätzlich beginnt sie eine Verhaltenstherapie. Heute bereut Frau Ia., nicht schon früher auf den Rat ihres Hausarztes gehört zu haben, und kann nach einigen Jahren der Behandlung durch langsame Reduzierung der Dosis inzwischen sogar auf die Medikamente verzichten.

Am Beispiel von Frau Ia. wird deutlich, dass Medikamente hilfreich sind, auch wenn die Pharmaindustrie damit Geld verdient. Greifen wir nicht ausschließlich aus Angst vor den Folgen einer Erkrankung zu Pillen – Antibiotika, Blutdruck- und Herzmedikamente, Zytostatika, Schmerzmittel ...? Jede Medikamenteneinnahme geschieht am Ende aus Furcht vor den Folgen einer Erkrankung oder einem Schmerz. Wir lassen uns auch deshalb als vorbeugende Maßnahme impfen, weil wir uns vor einer Infektion fürchten.

Die Pharmaindustrie verdient also in gewissem Sinne auch mit unserer Angst ihr Geld. Dazu wird viel ambitionierte Arbeit in die Forschung investiert. Nur die Furcht vor Schmerz und Leid hat Menschen dazu gebracht, sich damit zu beschäftigen, wie man diese Qualen verhindern oder zumindest lindern kann. Und die Wissenschaftler waren und sind erfolgreich – unsere Lebenserwartung steigt aufgrund der immer besseren medizinischen Versorgung ständig an: Musste man um 1900 noch damit rechnen, im Alter von 40 bis 44 Jahren zu sterben, so kann man sich 100 Jahre später über 75 bis 80 Jahre freuen, ein Zugewinn von bis zu 40 Jahren in nur einem Jahrhundert.

Selbstverständlich ist diese Zunahme an Jahren aber nicht nur der medikamentösen Entwicklung geschuldet, sondern auch anderen Erkenntnissen, die aber ebenfalls auf Forschung beruhen. Gerade die Coronapandemie hat uns gezeigt, zu welchen Spitzenleistungen die pharmakologische Industrie imstande ist, wenn sie, in diesem Fall von einer kollektiven Angst getrieben, mit nahezu unbegrenzten finanziellen Mitteln gefüttert wird. Die Angst ist also gerade in Pandemiezeiten auch ein Booster für die Forschung.

Sicherheitsindustrie

Unter Security stellt man sich gemeinhin muskelbepackte Menschen in Uniform mit einer Schusswaffe oder zumindest einem Schlagstock oder Pfefferspray im Anschlag vor. Man bedenkt dabei nicht, dass diese Männer und Frauen nur den Bruchteil einer Branche darstellen, die von der Waffenindustrie bis zur Erzeugung von Feuermeldern reicht. Alles, was der vermeintlichen Steigerung unserer Sicherheit dient, ist ein Megageschäft. Und wieder ist die Angst vor Gefahren im eigenen Leben oder dem der Familie der Motor für Innovationen und Umsätze dieser Industrie. Wenn man allumfassend denkt, dann gehören auch Motorbremsen, Sicherheitsgurte, ja, sogar die Leine für den Hund dazu. Alles, was eine Verletzung oder gar den Tod eines Menschen verhindern soll, wird zunächst wegen Angst erfunden und produziert. Dabei geht es aber immer nur um den Schutz der „eigenen" Gruppe. Die Kreativität, Waffen zu entwickeln, die zwar den Feind vernichten, bei deren Einsatz man aber das eigene Leben nicht aufs Spiel setzen muss, wird durch die Angst vor dem eigenen Tod beflügelt. Waffen wie Atombomben, die beide Seiten gleich schädigen können, dienen der Abschreckung, werden aber zum Glück seit Hiroshima nicht mehr – hoffentlich nie mehr – eingesetzt.

Schon morgens, wenn wir aufstehen, sorgen wir für unsere eigene Sicherheit und die der Familie. Wir stellen den Wecker, damit wir rechtzeitig in die Arbeit kommen, und das deshalb, weil wir Angst haben, unsere gute Stelle und das ausreichende Einkommen zu verlieren. Unsere finanzielle Absicherung muss ständig durch Maßnahmen geschützt werden. Aber auch unsere Gesundheit bedarf eines gewaltigen Finanz- und Arbeitsaufwandes. Jede Hygienemaßnahme dient der Verhinderung von

Krankheit. Aus Angst vor Karies putzen wir die Zähne, zum Frühstück konsumieren wir gesundes Müsli, wir ziehen im Winter einen warmen Mantel und im Sommer ein luftiges T-Shirt an, wir fahren mit dem Rad in die Firma, um uns fit zu halten. Nicht zu vergessen die in letzter Zeit sehr angesagten Schrittzähler, die wohl keiner als Produkt zur Angstverhinderung identifizieren würde, die aber unterm Strich auch nur dazu dienen, uns sportlich zu bestätigen und so Tod oder Krankheit hinauszögern. Genau betrachtet, besteht unser Alltag also zum Großteil aus Aktivitäten, die wir zur Reduzierung der Angst im Nacken durchführen. Das kostet Geld und das kommt wiederum verschiedenen Industrien zugute. Die optimale Werbung für irgendein Produkt muss als Inhalt – schön verpackte – Angstreduktion versprechen.

Dient nicht auch die Präsenz in den sozialen Medien der Angstverminderung? Sind nicht die Tausenden Selfies deshalb nötig, weil man sich wünscht, wahrgenommen und geliebt zu werden, Angst vor Bedeutungslosigkeit und Einsamkeit hat? Wir alle möchten das Gefühl aus Kleinkindertagen, wenn man in den Armen der Mutter angst- und sorgenfrei war, wiederfinden, darum tun wir Dinge, von denen wir erwarten, dass sie uns Geborgenheit und Liebe bringen werden.

Sind die sozialen Medien die unsichtbare Wolke der erhofften Geborgenheit, so ist unser Zuhause, die eigenen vier Wände, ihre sichtbare Haut. *My home is my castle* kann man auch übersetzen mit: Mein Heim schenkt mir Geborgenheit. Es reduziert meine Besorgnis über die Gefahren draußen. Auf dieses Bedürfnis nach Sicherheit vertraut auch die Bau- und Möbelindustrie, die Werbungen versprechen für das Dach „So stark wie ein Stier", für Beton „Belastbar und dauerhaft" oder für die Wohnung: „Oase Bad". Nicht umsonst hat sich ein großes österreichisches Möbelhaus als Werbe-Testimonials eine Familie ausgesucht, die mit ihrem Leben im Möbellager glücklich und angstfrei vergnügt ist.

Die Vorsorge zur Vermeidung von beängstigenden Lebensumständen ist kostspielig und aufwendig. Das ist es uns aber wert, denn damit ist zumindest kurzfristig eine Zunahme an Sicherheitsgefühl verbunden. In der Werbung bekommen wir ständig vermittelt, dass wir durch den Erwerb von Gütern unser Bedürfnis nach Anerkennung und Liebe und damit eine sorgenfreie Zukunft erreichen können. Sicherheit versprechen aber nicht nur die „typischen“ Industriezweige, sondern ganz grundsätzlich auch das Erlangen von Geld und Prestige, wie das folgende Beispiel zeigt.

> Herr Ja. ist ein erfolgreicher Manager. Er hat sich, aus kleinen Verhältnissen kommend, finanziell mit vielen Gelegenheitsjobs durch ein Wirtschaftsstudium gekämpft und dann nach Abschluss des Studiums sofort mit viel Einsatz und Ehrgeiz an seiner Karriere gearbeitet. Er hat eine Villa gebaut, eine schöne Frau geehelicht, mehrere Aufsichtsratsposten erreicht und hält sich zusätzlich noch als Marathonläufer fit. Trotzdem kann er nachts nicht gut schlafen, er schrammt am Burn-out entlang – früher hat man das oft attraktiver und anerkennender als Managerkrankheit bezeichnet, den Begriff Erschöpfungsdepression, wie sein Zustand vom Psychiater bezeichnet wird, empfindet Herr Ja. als degradierend.
>
> Herr Ja. hat immer Angst zu versagen, seinen Status, sein Vermögen, seine Frau zu verlieren. Er ist sich sicher, dass nur diese hart erarbeiteten immateriellen und materiellen Güter der Grund dafür sind, dass andere ihn mögen. Wenn er diese verliert, denkt er, dann ist er nichts mehr als ein Loser, jemand, den

alle übersehen. Herr Ja. hat sich einen Kokon der Geborgenheit durch seinen sozialen Aufstieg und seinen Besitz geschaffen.
Die Angst vor Verlust von Liebe, Anerkennung oder Besitz ist ein großartiger Ansporn zum Vollbringen von außergewöhnlichen Leistungen. Auf den ersten Blick scheint es, als ob Herr Ja. seine Anstrengungen nur im eigenen Interesse vollbracht hätte, aber unsere Gesellschaft verdankt viele hervorragende Errungenschaften primär egoistischen persönlichen Gründen. Der Kapitalismus fußt auch auf dem Freikaufen von Angst durch den Erwerb von Besitz, denn Geld schafft Sicherheit. Man kann es zählen und berechnen, also kontrollieren. Anscheinend hoffen wir, dass wir durch die Vermehrung unseres Vermögens auch unsere Ängste unter Kontrolle bringen können.

Versicherungen

Eine Branche, die ebenfalls erkannt hat, dass mit Angst ein gutes Geschäft zu machen ist, die es überhaupt nur wegen unserer Angst gibt, ist die Versicherungswirtschaft. Schon unter dem babylonischen König Hammurapi existierten Haftpflichtversicherungen für Baumeister, um sich gegen das Einstürzen ihrer Häuser abzusichern. Später gab es dann immer wieder verschiedene Zusammenschlüsse, um sich vor den Folgen von Unglücken zu schützen. All diese historischen Absicherungsversuche waren aber noch nicht mit unserem professionell aufgezogenen System vergleichbar.

Das erste Versicherungsunternehmen, wie wir es kennen, war die Hamburger Feuerkasse, die 1676 gegründet wurde. Man hatte erkannt, dass einen das Vertrauen in Gott allein nicht davor bewahrte, seine Besitztümer zu verlieren. Betriebe und Handelsfirmen schlossen sich also zusammen, um ihre Gebäude, Schiffe und Waren im Schadensfall wieder aufbauen oder ersetzen zu können. Heute ist es möglich, beinahe alle Eventualitäten zu versichern. Ob die Versicherung dann auch wirklich bezahlt, ist eine andere Frage, jedenfalls gibt sie den Menschen aber Sicherheit. „Ihre Sorgen möchten wir haben", heißt es in der Werbung und suggeriert: Da ist jemand, der kümmert sich um mich, wenn etwas passiert. Versicherungen versprechen also Angstreduktion.

Eine besonders undurchsichtige Form davon sind jedoch oft die Lebensversicherungen. Sie versprechen eine finanzielle Absicherung – entweder nach Ablauf einer bestimmten Zeit, zum Beispiel als Pensionsbeitrag, oder nach dem Tod zur Versorgung von Angehörigen. Den Menschen ist häufig aber nicht bewusst, dass sie für eine Zukunft einzahlen, in der am Ende nur die Versicherung profitiert. Viele rechnen sich die Beträge nicht genauer aus und merken zu spät, dass das eingezahlte Geld in einer anderen Anlage besser und lukrativer aufgehoben wäre.

Tatsächlich war die Entstehung der Versicherungen aber auch ein Dynamo für riskante und am Ende lohnende Entwicklungen. Wie viele Erfindungen hätte es nicht gegeben, wenn das Risiko nicht durch eine Versicherung abgedeckt gewesen wäre? Auch die tägliche Arbeit eines Arztes wäre heute kaum möglich, wenn dieser nicht durch eine Haftpflichtversicherung vor den Folgen einer Fehldiagnose oder -therapie abgesichert wäre.

Ein anderes positives Beispiel ist die staatliche Krankenversicherung, eine wahre Großtat der solidarischen Gesellschaft, für die man, besonders in Österreich, nicht dankbar genug sein kann: Für uns ist es unvorstellbar, dass man nicht jederzeit medizinisch versorgt wird, ohne dafür riesige Summen bezahlen zu müssen. Diese Errungenschaft kann man als einen der größten Zivilisationsbooster bezeichnen, denn die Angst vor Krankheit eint alle sozialen Schichten und diese Art der Solidarität, dieser Benefit dient allen Menschen, egal, ob sie sich medizinische Behandlungen auch ohne gemeinsame Sozialversicherung leisten könnten oder nicht. Sie ist ein Beitrag zum sozialen Frieden und unterstützt die medizinische Entwicklung, die wiederum allen zugutekommt. Insofern lohnt sich eine gemeinsame Krankenversicherung auch für Multimillionäre, die möglicherweise die öffentlichen Gesundheitsbetriebe nie in Anspruch nehmen.

Die Versicherungsbranche zeigt: Angst als Faktor des produktiven Zusammenlebens wirkt als ein zivilisatorischer Aufwind. Es hätte keine Florence Nightingale, die die Krankenpflege ins Leben rief, keinen Henry Dunant, der das Rote Kreuz begründet hat, und auch keine Armenversorgung und spätere Sozialversicherung gegeben, wenn die Angst des Einzelnen, krankheitsbedingt in eine prekäre Situation zu gelangen, nicht als Triebfeder für die allgemeine Versorgung von Siechenden gewirkt hätte. Schon die Vorstellung von stöhnenden, blutenden, fiebernden, sterbenden Menschen erinnert daran, dass man auch selbst in diese Situation kommen könnte. Das motiviert dazu, sich für eine Organisation einzusetzen, die das Leid zu kontrollieren versucht. Das Sterben können wir nicht verhindern, aber das Wie können wir verbessern.

Die kollektive Anstrengung, das Sterben hinauszuzögern, war nur möglich durch den Zusammenschluss der gesamten Bevölkerung in der Sozialversicherung. Die Erkenntnis, dass der Kampf gegen Krankheit, insbesondere Keime, nur gemeinsam möglich ist, hat die Gesellschaftsschichten verbunden. Möglicherweise hat die Entdeckung der Bakterien und Viren mehr zum Verschwinden des Feudalsystems beigetragen, als irgendein

Revolutionär es vermocht hat. Keime machen keinen Unterschied zwischen Armen und Reichen. Die Angst vor einer Ansteckung hat bewirkt, dass auch Reiche in die Bekämpfung von Krankheiten, vor denen sie früher aufgrund ihres Standes geschützt zu sein glaubten, investierten. Das Coronavirus demonstrierte jüngst, dass die reichen Länder nicht nur aus Nächstenliebe, sondern vor allem aus Angst vor einer andauernden Pandemie auch den Impfstoffbedarf der armen Länder abdecken wollen.

Waffen

Waffenbesitz wird fast immer mit der Ausrede der Selbstverteidigung erklärt. In den USA speist sich der Nationalstolz nicht zuletzt aus dem Recht, eine Waffe tragen und sie zum eigenen Schutz einsetzen zu dürfen. Interessanterweise wird die Angst vor Bedrohung zwar als Argumentation für den Waffenbesitz verwendet, gleichzeitig ist die Waffe aber ein Symbol des Mutigen: Während das Image des furchtsamen Menschen sonst dem „Schwächling“ zugeordnet wird, ist der Waffenbesitzer davon ausgenommen. Ganz im Gegenteil, er versinnbildlicht den „Tapferen“. Die Mehrheit der Einwohner der USA kann zudem scheinbar keine Diskrepanz zwischen ihrem Image als gutmeinende Christen und der fanatischen Verteidigung der Waffenlobby, der sie selbst angehören, erkennen. In den Vereinigten Staaten gibt es heute mehr Schusswaffen als Einwohner – auf 100 Menschen kommen circa 120 Schusswaffen. Damit sind die USA einsame Spitze im Waffenbesitz, weit vor Ländern wie Jemen, Irak oder Konfliktgebieten, von denen man das eher annehmen würde. Woher kommt das in einem Land, das weder einen Bürgerkrieg führt, noch sonst irgendeine Bedrohung zu befürchten hat?

Die Waffenindustrie wirbt klarerweise am effektivsten in einem Land, in dem sich die Menschen diese Waffen auch leisten können. Der Jemen wäre diesbezüglich für den Waffenverkauf an Privatpersonen kaum relevant. Was allerdings nicht heißt, dass die Waffenindustrie dort nicht auch gute Geschäfte mit Rebellenorganisationen und Armeen macht.

Man muss im Waffengeschäft zwischen dem Besitz einer Schusswaffe aus persönlicher oder aus kollektiver Angst unterscheiden. Was beide verbindet, ist das Vorhandensein eines realen oder fiktiven Feindes. Der Familienvater in einer amerikanischen Vorstadt vermutet hinter jedem Knacken in seinem Vorgarten einen Einbrecher, der ihm sein Eigentum rauben und seine Familie vernichten will. Nicht umsonst werden immer wieder unbeteiligte Spaziergänger oder gar die eigenen Kinder, die zu spät nach Hause kommen, irrtümlich erschossen. Die amerikanische Waffenlobby hat es sehr gut verstanden, das Bild eines immer präsenten, im Hintergrund lauernden Feindes in die Gehirne der Kundschaft zu pflanzen. Darum heißt es: aufrüsten und dann herumballern. Es geht um das Versprechen der Kontrolle durch Waffenbesitz. Fühle ich mich schwach und habe Angst vor der Zukunft, dann wird mich, gespeist durch die amerikanische Legendenbildung aus der Zeit der Eroberung des Westens, ein Gewehr beschützen. Da die meisten dieser Waffen-*Maniacs* so denken, kommen sie sich, obwohl sie doch eigentlich einer Gesinnungsgemeinschaft angehören, immer wieder in die Quere und bestätigen sich damit gegenseitig in der Befürchtung, der Feind würde hinter dem Gartenzaun oder der nächsten Ecke lauern.

Auch aufgrund der andauernden Angst, als Land angegriffen zu werden, lässt sich der US-amerikanische Staat die Armee etwas kosten, im Jahr 2020 rund

740 Milliarden Dollar. Da scheinen die Ausgaben Russlands mit etwa 60 Milliarden Dollar vergleichsweise verschwindend gering. Das bedeutet jedoch nicht, dass die Russen weniger ängstlich sind oder dass die Bewaffnung bis zu den Zähnen bei ihnen weniger gut gegen die kollektive Angst hilft. Die Angst, als Nation oder Bevölkerungsgruppe angegriffen zu werden, ist weltumspannend und unabhängig von politischen Einstellungen. Die Sorge vor dem Verlust von Macht, Autorität oder Eigenständigkeit ist ein globales Phänomen. Doch wie wir immer wieder schmerzlich erleben, sitzt die Waffenlobby stets am längeren Ast. Auch wenn ein Krieg – wie aktuell in der Ukraine – gar nicht zwischen den Ländern mit dem größten Militärbudget stattfindet, verdient die Waffenindustrie ihre Milliarden daran, ist doch der Umsatz durch den Verkauf der beste Treibstoff für das Weiterbestehen eines Konflikts. Je mehr Waffen, desto länger andauernd sind die Kämpfe.

Erpressung und Strafe

Am Beispiel des Ukrainekrieges erkennt man, wie gut sich kollektive Angst als Druckmittel eignet. Wir erinnern das Frühjahr und den Sommer 2022, als Putin den Gashahn mal mehr und mal weniger geöffnet hielt und ganz Europa in Furcht vor einem kalten Winter, sozialen Unruhen und einem wirtschaftlichen Niedergang in Geiselhaft hielt. Schnell treten da alle moralischen und ethischen Ansprüche in den Hintergrund, wenn die Angst vor dem Verlust des Wohlstandes im Nacken sitzt. Wir sehen daran, dass sich die Angst gut zu Erpressungszwecken eignet. Und dieses Instrument funktioniert nicht nur im Krieg, sondern auch im täglichen Leben: Wer hat nicht schon einmal nachgegeben, obwohl man sich im Recht befand, nur um sich seiner Befürchtungen vor unliebsamen Folgen zu entledigen? Wie oft enden Streitigkeiten auch in Partnerschaften damit, dass ein Partner den anderen damit erpresst oder droht, ihn zu verlassen?

Vor allem im zwischenmenschlichen Zusammensein wird Erpressung oft als Mittel eingesetzt, die eigenen Wünsche durchzusetzen. Dieses Drucks kann man sich nur entledigen, wenn man dem Gegner furchtlos entgegentritt, denn fast jeder von uns hat schon einmal die Angst eines Mitmenschen benützt, um sich durchzusetzen. Die Androhung von Bestrafung funktioniert nach demselben Prinzip: Ob wir uns davor fürchten, körperlich attackiert zu werden oder dass uns etwas weggenommen wird – von Gegenständen bis zum Liebesentzug –, hat dieselben Effekte. Wir versuchen immer, dieser Strafe zu entkommen. Während früher durch die Prügelstrafe blinder Gehorsam von Kindern erzwungen wurde, wird heute oft die Angst vor elterlicher Ablehnung für denselben Zweck genutzt.

Aber nicht nur im Umgang mit Kindern ist allein die Androhung von Konsequenzen eine Methode, um etwas zu erreichen, was diese nicht wollen. Wir treten nicht aufs Gaspedal, obwohl wir gern schneller fahren würden, weil wir ein Strafmandat befürchten, wir verkneifen uns eine Beleidigung, weil wir nicht möchten, dass der Beleidigte sich rächen könnte, wir zahlen unsere Steuern aus Angst vor strafrechtlichen Konsequenzen. Wir agieren häufig gegen unser eigentliches Bedürfnis aus Sorge, bestraft zu werden. Unser gesellschaftliches friedliches Zusammenleben fußt zu einem beträchtlichen Teil auf der Furcht des Einzelnen vor unangenehmen Konsequenzen, die sein möglicherweise unerwünschtes Verhalten hervorrufen könnte. So bedienen sich sowohl Religionen, der Staat als auch die einzelnen Mitbürger erfolgreich der kollektiven Furcht vor Strafe.

Kapitel 3 – Fiktive und reale Ursachen von Angst

Im Moment der Panik ist es für einen Menschen belanglos, ob es sich beim Auslöser dieses Gefühls um eine tatsächlich vorhandene Ursache handelt oder ob dieser allein in der Vorstellung einer eintretenden Katastrophe liegt. Wichtig ist diese Unterscheidung nur, wenn es darum geht, Maßnahmen dagegen zu treffen. Der Furcht, die auf einer realen Bedrohung fußt, ist nur durch deren Beseitigung beizukommen, während die alleinige Vorstellung einer Bedrohung je nach Ausmaß des Leidensdrucks einer medizinischen Therapie bedarf. Die Grenzen zwischen diesen beiden Ängsten sind verschwommen. Ist es eine fiktive Vorstellung, sich vor Krebs zu fürchten, oder handelt es sich um eine reale Gefahr? Ist die Angst vor Keimen berechtigt oder übertrieben? Darf man sich im Autoverkehr fürchten, oder ist das schon hysterisch?

Für Herrn Ka. bedeuten seine täglichen Waschrituale einen beträchtlichen Zeitaufwand. Schon am Morgen muss er eine Viertelstunde duschen und sich dabei fünfmal einseifen. Vor dem Frühstück heißt es wiederum Hände waschen und desinfizieren. Wenn er an seinem Arbeitsplatz eintrifft, muss er sogleich ein aufwendiges Wasch- und Desinfektionsritual durchführen. Bei jedem Toilettengang sperrt er sich in eine Kabine ein, wo er zuerst – selbstverständlich mit Einweghandschuhen – die Klomuschel reinigt und diese mit einem speziell von ihm zurechtgeschnittenen Papierstreifen belegt, bevor er vor der Verrichtung neue Gummihandschuhe anlegt, um nur ja nicht mit Keimen in Berührung zu kommen. Seinen Kollegen hat er erzählt, dass er an einer Immunerkrankung leidet und deshalb darauf achten muss, nicht mit Bakterien in Kontakt zu kommen. Er hat es sogar geschafft, durchzusetzen, statt im Großraumbüro in einer eigenen kleinen Kammer arbeiten zu dürfen. Obwohl Herr Ka. weiß, dass seine Angst übertrieben ist, kann er sich doch nicht davon befreien. Er manövriert sich durch seine Phobie und seinen Zwang immer mehr in die soziale Isolation. Die Arbeitskollegen sind froh, dass er in seinem Kämmerchen sitzt, da sie so nichts mit ihm zu tun haben müssen. Sie lästern über Herrn Ka., wenn er nicht so ein zuverlässiger Mitarbeiter wäre, hätte man ihm wohl schon gekündigt.

Nicht immer ist ein Angstverhalten so eindeutig pathologisch wie bei Herrn Ka. Seine Zwänge sind eine Krankheit, die unter der ICD-Klassifikation (*International Statistical Classification of Diseases*) F 42.1 subsummiert wird. Die Rituale dienen dem Versuch, die Angst zu reduzieren und eine Kontrolle über die vermeintliche Ursache zu erlangen. Dieser Symptomatik ist nur durch eine ärztliche Behandlung beizukommen. Da es sich bei dieser Zwangskrankheit um eine zum Teil organisch bedingte und häufig genetisch vererbte Erkrankung handelt, sind eine Therapie mit Medikamenten und eine Psychotherapie indiziert. Damit wäre ein beinahe symptomfreies Leben möglich. Es ist demnach sehr wichtig, bei der Bekämpfung von Angstsymptomen auch auf den tatsächlich existierenden oder eben nur erdachten Anlass zu achten.

> Herr La. hat eine Stammzellentransplantation gut überstanden. Diese war nötig, da er an einer damit behandelbaren Leukämie litt. Durch diese Therapie ist seine Immunabwehr sehr geschwächt und er muss darauf achten, dass er nicht mit krankmachenden Keimen in Kontakt kommt. Natürlich hat Herr La. panische Angst vor einer Infektion. Deshalb ist für ihn das gründliche Reinigen der Hände und aller Körperteile unumgänglich. Auch er trägt auf der Toilette Einweghandschuhe, wäscht und desinfiziert sich ständig. Er hat große Angst, sich bei anderen Menschen anzustecken, und meidet deshalb den körperlichen Kontakt zu diesen. Um nicht zu vereinsamen, kommuniziert er meist via Telefon oder Videoschaltung mit seinen Freunden und Arbeitskollegen. Wenn doch ein seltenes nicht-virtuelles Treffen mit anderen Menschen stattfindet, dann nur im Freien, diese nehmen in diesem Fall gern auf ihn Rücksicht, indem sie eine Maske tragen und sich vorher die Hände waschen und desinfizieren. Sie finden Herrn La.s Verhalten angebracht und unterstützen ihn bei seinen Vorsichtsmaßnahmen.

Die Bespiele von Herrn Ka. und Herrn La. beschreiben anschaulich den Unterschied in der Entstehung der Angst. Wenn Herr Ka. sich vor einer wahnhaften Vorstellung fürchtet, so ist die Angst bei Herrn La. medizinisch begründet. Die Reaktion ihrer Gehirne ist allerdings dieselbe, nämlich die Ausschüttung von Stresshormonen. Will man den beiden jedoch bei der Angstbewältigung helfen, so sind zwei völlig unterschiedliche Ansätze nötig: Herr Ka. braucht Medikamente und eine psychotherapeutische Verhaltenstherapie, während Herr La. am besten mit seinen Ängsten umgehen kann, indem er klare Anweisungen für die Prävention einer Infektion bekommt. Herrn Ka. kann man also seine Befürchtungen nicht ausreden, während Herr La. seine Ängste durch eine Schulung über geeignete Hygienemaßnahmen in den Griff bekommen kann. Obwohl beide Herren ihre Notlage in gleicher Art und Weise zu kontrollieren versuchen, kann nur Herr La. damit erfolgreich sein. Er kämpft mit realen Waffen gegen einen realen Gegner, während Herr Ka. wie Don Quijote gegen Windmühlen kämpft.

> Frau Ma. ist Mutter zweier Schulkinder und ständig in Sorge, dass ihre Söhne am Schulweg von einem Auto angefahren werden könnten. Die Kontrolle mittels GPS-Funktion auf dem Handy findet sie in den ersten Wochen sehr beruhigend: Sie starrt wie gebannt auf ihr Display, um den Weg ihrer Kinder bis zur Schule zu verfolgen. Nach einigen Wochen bemerkt sie allerdings, dass sie es immer wieder mal vergisst. Sie überprüft den Schulweg ihrer Söhne nicht mehr regelmäßig. Ihre Sorge wegen eines Autounfalls tritt immer mehr in den Hintergrund, je länger die beiden allein unterwegs sind und nichts passiert ist.

Frau Ma. hat dazugelernt. Durch das Erleben, dass das gefürchtete Ereignis nicht eingetreten ist, wurde ihre Angst um die Sicherheit der Kinder immer weniger. Ihr Verstand hat die Kontrolle über ihre Sorge erlangt, denn Frau Ma. hat erlebt, dass das Häufige häufig und das Seltene selten ist. Häufig ist es nämlich zum Glück so, dass Kinder ohne Unfall auf der Straße unterwegs sind. Selten werden sie verletzt oder gar getötet. 2020 sind 4 von

1 142 342 Schülern in Österreich auf der Straße verstorben, es wäre also statistisch gesehen äußerst unwahrscheinlich, dass Frau Ma.s Kindern dieses Unglück widerfährt.

Auch wenn Angst sich oft nicht der Vernunft unterwirft, so kann es doch hilfreich sein, die Wahrscheinlichkeit einer Katastrophe zu berücksichtigen. Das gilt auch für die häufige Furcht vorm Fliegen, dabei reicht es bei vielen Menschen oft schon, ihnen statistisch vorzuführen, dass die Chance, im Autoverkehr zu verunglücken, zehnmal höher ist, als mit dem Flugzeug abzustürzen. Auch wenn die Angst oft irrational ist, lohnt es sich also, an die Vernunft zu appellieren.

Kollektive fiktive Angst

Die Eskalation hängt nicht nur mit der realen Angst, sondern auch mit der fiktiven Angst zusammen. Je mehr die fiktiven Ängste geschürt werden, desto gewaltsamer wird der Versuch, diese zu beseitigen. Am Beispiel des Ukrainekrieges sieht man, dass nun oft schon allein die Tatsache, dass jemand Russe ist, ihn zum „Feind" macht, obwohl dieser Mensch zwei Wochen vor Kriegsbeginn möglicherweise noch der beste Freund war. Unsere Einbildungskraft macht in diesem Fall aus ihm einen Menschen, vor dem man sich fürchten muss. Allen Kriegen gemeinsam ist, dass sie aus kollektiven Ängsten entstehen und durch das Fantasiefutter von Millionen Menschen genährt werden. Es kommt zu einem Angsttsunami, der sich verselbstständigt und alles mitreißt, was sich ihm in den Weg stellt. Eine Umkehr zu einer realistischen Abschätzung der Gefahr ist nicht mehr möglich, da sich wieder einmal die selbsterfüllende Prophezeiung bewahrheitet und aus der fiktiven Angst eine sehr realistische Gefahr zusammengebraut hat.

Besonders verstärkt wird die fiktive Angst durch die sozialen Medien. Je nach Kanal wird so für jede Gruppe ein äußerer Feind geschaffen, der irgendwann unkritisch als Auslöser der eigenen Angst angenommen wird. Durch fantasievolle Ausschmückung der Tatsachen kommt es zu einem einleuchtenden Grund für das Feindbild. Weil sich dieser Prozess bei jeder der verfeindeten Gruppen vollzieht, wird aus Furcht vor dem anderen jede Kommunikation auf Augenhöhe eingestellt. So findet keine Überprüfung der Realität und des Gegenübers mehr statt und das Objekt der fiktiven Angst wurde in einen realistischen Angstauslöser materialisiert. Dieser Prozess wird durch die Ausschmückung von angeblichen Fakten untermauert. Es wird oft mit Zahlen argumentiert, die nicht überprüft werden können, es werden Bilder ins Netz gestellt, die die Grausamkeit des anderen beweisen sollen. Jede Seite hat aus einem zum Teil fiktiven Feind einen vermeintlich realen Feind geformt. Da man sich gerade in sozialen Medien in einer selbst gebauten Blase aufhält, wird auch nur mehr dieses einseitige Bild erlebt, Informationen der anderen Seite werden als erlogen und manipuliert wahrgenommen. Auch ein Krieg ist die Befeuerung von fiktiver Angst, er lebt von ihr: Kaum jemand würde sein Gegenüber ermorden, wäre dieses in der Vorstellung nicht zu einem grausamen Barbaren zusammenfantasiert worden.

Um diese fiktive Angst wirkungsvoll weiter auszubauen, ist es wichtig, das Präfrontalhirn auszuschalten, denn jede Konfrontation mit der Wahrheit reduziert die Vorstellung vom grausamen Monster. Der Ukrainekrieg wird vielleicht auch deshalb von einem großen Teil der russischen Bevölkerung unterstützt, weil vonseiten der Machthaber in Russland die Fantasie der Bedrohung durch die NATO, durch die „westlichen Eroberer" der Welt befeuert wurde. Diese Fantasie entsprang der Angst Putins, die eigene Vorherrschaft nicht mehr aufrechterhalten zu können. Tatsache ist, dass der Osten gegenüber dem Westen wirtschaftlich schwächer ist, auch wenn das kulturell oder wehrtechnisch nicht zutreffen muss. Aber schon dieser Teilaspekt der Schwäche hat die gedankliche Vorstellung ausgelöst, dass Russland bedroht wird und seine Macht, seine Wichtigkeit in der Welt verlieren wird und diese verteidigen muss.

Zusätzlich befeuert werden Kriege durch die Vorstellung vom Sieg und der damit verbundenen Möglichkeit auf ein angstbefreites Leben. Diese Hoffnung wird durch Bilder von glücklichen siegreichen Soldaten gespeist, die auf den Denkmälern des Feindes ihre Flagge positionieren. Es gäbe keinen Krieg ohne die Hoffnung auf den Sieg und dass damit die Angst vor dem Feind durch Glück belohnt wird. Dementsprechend könnte man meinen, dass nach einem beendeten Krieg und den damit einhergegangenen lang andauernden Ängsten das Glück anschließend im Frieden auch unendlich sein muss. Das ist leider nicht der Fall – der Zusammenhang von Angst und Glück ist wesentlich komplexer, wie wir in Kapitel 5 (siehe Seite 85) sehen werden.

Fokussierte und generalisierte Angst

Bei den vorigen Beispielen ging es um Menschen, deren Panik bei einer einzigen Thematik – ob nun real oder fiktiv – einsetzt. In anderen Bereichen ihres Lebens agieren diese Leute möglicherweise besorgt, aber nicht angsterfüllt, ihre Angst ist also fokussiert oder zielgerichtet. Es gibt aber auch viele Menschen, die an generalisierter Angst leiden. Sie wachen auf und sind beunruhigt. Es gibt für sie keine Minute des Tages, in der sie sich nicht sorgen, denn diese Ängstlichkeit betrifft alle Inhalte der

Existenz. Es ist Betroffenen nicht mehr möglich, Handlungen zu setzen, ohne sich vor deren Ausgang zu fürchten. Sie empfinden jede Situation, der sie nicht Herr werden können, als Bedrohung, und warten förmlich darauf, dass ein Unglück passiert; oft ist bei diesen Menschen auch eine depressive Stimmung zu beobachten. Und tatsächlich tritt bei ihnen mit größerer Wahrscheinlichkeit eine selbsterfüllende negative Prophezeiung ein: Wenn ich immer einen schlimmen Ausgang erwarte, dann ist die Chance, dass dieser tatsächlich irgendwann kommt, sehr groß.

Frau Na. ist Single, arbeitet als Lehrerin und nimmt ihre Tätigkeit sehr ernst. Sie befürchtet ständig, dass sie einen Fehler begeht, dass sich ein Kind verletzt, dass sie den Stoff zu schnell oder zu langsam vorträgt, dass die Eltern mit ihr nicht zufrieden sind. Es kostet sie ihre ganze Kraft, zu unterrichten. Zu Hause sitzt sie dann endlos bei der Vorbereitung für den nächsten Tag und beim Korrigieren der Haus- und Schularbeiten. Aber nicht nur die Schule bereitet ihr Sorge, sie hat auch Angst um ihre fragile Gesundheit, dass sie sich falsch ernährt, dass sie zu viel Geld ausgibt, dass sie jemanden gekränkt haben könnte. Wenn ein Kind in ihrer Klasse Probleme macht, sucht sie die Schuld bei sich selbst. Frau Na. wird schon frühmorgens von ihrer Sorge geweckt. Sie öffnet die Augen und denkt nur daran, was an diesem Tag wieder schiefgehen könnte. Jeder Anruf verursacht bei ihr Herzklopfen, denn sie befürchtet eine Rüge, entweder von ihrer Frau Direktor oder von irgendwelchen Eltern. Bald ist sie nicht mehr imstande, am Telefon abzuheben, weil sie sicher ist, dass sie im Gespräch kein Wort herausbringen wird. Deshalb wird sie von ihrer Vorgesetzten zu einer Aussprache eingeladen.

Obwohl die Direktorin als freundliche Chefin bekannt ist und es niemanden aus dem Kollegium gibt, der vor ihr Angst hat, bringt Frau Na. in der Besprechung tatsächlich kein Wort heraus. Genau das, was sie sich vorgestellt hat, ist also eingetreten.

Anhand dieses Beispiels sieht man, dass die andauernden Ängste im Gehirn durch tatsächlich eingetretene befürchtete Ereignisse bestätigt und damit gefestigt werden können. Wir lernen am Erlebten, sowohl im positiven als auch im negativen Sinne. Hätte Frau Na. nicht schon von vornherein befürchtet, dass ihr die Stimme versagen würde, dann hätte sie möglicherweise erleben können, dass ihre Vorgesetzte eine zuvorkommende Person ist, vor der sie sich nicht zu fürchten braucht.

Wie bei fokussierten Ängsten ist auch bei der generalisierten, frei flottierenden Angst der Unterschied zwischen „noch berechtigt“ und „krankhaft“ verschwommen. Bei den pathologisch ausgeprägten Formen liegt meist ein länger andauerndes traumatisches Erlebnis vor. Sehr viele Personen, die entweder eine gewaltsame Kindheit oder sonstige gewaltsame Perioden in ihrem Leben erlebt haben, sind gefährdet, eine generalisierte Angststörung zu entwickeln. Auch das Ausmaß der Belastung und Beeinträchtigung im Alltag spielt eine Rolle in der Beurteilung, ob krankhaft oder nicht.

Herr Oa. pflegt seine an der neurologischen Erkrankung ALS leidende Frau. Er liebt sie abgöttisch, vor ihrer Diagnose galten die beiden als überglückliches Ehepaar. Als sie erkrankt, verspricht er ihr, dass er immer für sie sorgen und sie in kein Krankenhaus kommen wird. Herr Oa. liest sich in die Erkrankung ein und beschäftigt sich intensiv mit den Pflegemaßnahmen. Er adaptiert das Haus, lernt, Sondennahrung

zuzubereiten und zu verabreichen. Doch Schritt für Schritt wird der Zustand seiner Gattin immer schlechter. Zuerst lassen die Hände und Beine aus, dann kann sie nicht mehr schlucken und sprechen. Irgendwann braucht sie künstliche Beatmung. Die aufwendige Pflege und Betreuung managt ihr Mann ganz allein. Zur Sicherheit schafft er sogar ein Notstromaggregat an. Zu einer Zeit, als noch niemand in Österreich überhaupt weiß, dass es so etwas gibt, organisiert er ein Computersystem, mit dem seine Frau mittels Augenbewegung kommunizieren kann.
Sein Tag beginnt mit der Sorge um seine Frau und endet mit der Angst um sie, wenn er einschläft. Herr Oa. fürchtet immer, dass er irgendetwas übersehen haben und sie deshalb zu Schaden kommen könnte. Er reagiert auf jedes Blinken einer Kontrolllampe oder unregelmäßige Geräusch der Beatmungsmaschine. Er hat permanent unbändige Angst, dass seine geliebte Frau stirbt.

Wie Frau Na. aus dem vorigen Beispiel leidet auch Herr Oa. ständig unter Angstzuständen. Doch seine emotionale Reaktion folgt einer realen Ursache. Der Grund für seine Panik liegt neben ihm im Bett, er ist für das Wohlergehen seiner pflegebedürftigen Frau verantwortlich. Sein Beispiel beweist aber auch, wie Angst gleichzeitig der Motor für Innovation sein kann, denn durch Herrn Oa.s Initiative hat das augengesteuerte Kommunikationsgerät in Österreich Eingang gefunden und vielen anderen gelähmten Menschen eine wesentliche Verbesserung und Erleichterung in der Kommunikation gebracht. Angst kann also blockieren, aber genauso motivieren!

Die Angst vor dem Tod

Die Angst vor dem Tod ist als *die* generalisierte Angst zu betrachten, denn die Furcht vor dem Sterben ist die Quelle aller Ängste. Der Tod ist für uns nicht kontrollier- und veränderbar, man kann sich mit ihm nur abfinden und ihn akzeptieren. Das gelingt aber nie freiwillig, auch wenn manche das behaupten. Denn Menschen, die erklären, ihren Frieden mit dem Sterben geschlossen zu haben, haben dabei oftmals nur das geringere Übel zwischen Sterben oder Dulden gewählt. Wer an unerträglichen Schmerzen leidet oder wegen Depressionen des Lebens überdrüssig ist, möchte, dass diese Qual aufhört, auch wenn er dafür mit dem Leben bezahlt.

Die Todesangst begleitet uns – nicht immer bewusst –, sobald wir unsere eigene Endlichkeit erfassen können. Das geschieht normalerweise ab etwa elf Jahren. Da wir für etwas Unbeeinflussbares wie unser Abtreten eine Art der Kontrolle über die Angst davor konstruieren müssen, manövrieren wir uns strategisch in ein Dilemma. Eine Lösung dafür ist es, zu behaupten, dass der Tod nicht das Ende sei. Das ist ein recht einfacher Vorschlag, den alle Religionen machen. Wenn nach unserem Tod ein weiterer Abschnitt möglich ist, dann muss dieser natürlich von der Glaubensgemeinschaft ausgeschmückt werden, denn wir wollen uns unter dem Jenseits ja etwas vorstellen können. Dieses Leben nach dem Tod muss also möglichst attraktiv sein, sonst würden die Gläubigen diese Option nicht akzeptieren. Die Religionsgemeinschaften nutzen den Wunsch nach einem wunderbaren Danach und nennen es Himmel, Nirwana, Paradies und so weiter. Um in dieses als herrlich versprochene Jenseits einzukehren, müssen aber im Diesseits strenge Auflagen erfüllt werden. Auch der Himmel ist nicht geschenkt! Das bringt aber üblicherweise auch einen Nutzen für die gesamte Glaubensgemeinschaft. So ist bei den Christen das Leben nach den Zehn Geboten die Voraussetzung für die Aufnahme in den Himmel, somit wird durch diese Regeln praktischerweise auch gleichzeitig zu Lebzeiten der Umgang miteinander geregelt: Ob es nun die Zehn Gebote der Christen, die fünf Säulen des Islam oder die fünf Grundregeln im Buddhismus sind, all diese Anordnungen wurden nicht nur zur Reduzierung der Todesangst, sondern auch zur Verbesserung des Zusammenlebens entwickelt. Da Gesetze auch kontrolliert werden müssen, hat man sich den allwissenden Gott oder ein „selbstverrechnendes System" wie das Karma als Exekutor erfunden. Die Angst vor dem Tod funktioniert somit indirekt als Antrieb für die Gestaltung von Gesetzen zur Regulierung des Zusammenlebens.

Da vor allem in den westlichen Kulturen die Religion im Rückzug begriffen ist, entsteht eine Lücke, die sich durch den Wegfall des religiösen Jenseits ergibt. Diese Lücke gilt es zu füllen. Wenn man schon nicht mehr an das Paradies im Jenseits glauben kann, dann will man zumindest sein Bleiben im Diesseits verlängern. Dadurch boomt das Geschäft der Konzerne, die auf die eine oder andere Art versprechen, den Tod hinauszögern zu können. Diese Angebote erweisen sich auch als ziemlich erfolgreich: Unsere Lebenserwartung steigt durch die medizinische, hygienische, ernährungstechnische Weiterentwicklung. Insofern ist dieser Fortschritt der Angst vor dem Tod zu verdanken.

Doch woher kommt die Angst vor dem Tod? Logischer wäre doch, dass wir diesem unvermeidlichen Ereignis zumindest neutral begegnen. Da noch kein Mensch darüber berichtet hat, ob der Tod grauenhaft oder selig daherkommt, hat die Angst vor ihm keinen realen Grund. Dennoch ist die Todesangst so einschneidend, dass wir meist selbst große Schmerzen dem Sterben vorziehen.

Und auch die Drohung eines Weiterexistierens in der Hölle verliert mit dem Rückgang der Religiosität zunehmend an Bedeutung. Dieser plausible Grund, sich vor dem Tod zu fürchten, ist somit hinfällig. Was uns stattdessen – vor allem – Angst macht, ist das eigene Ende. Eine Vorstellung, die nicht denkbar und damit persönlich vollkommen unkontrollierbar ist. Gegen ein endgültiges „Aus" ist eben nichts mehr zu machen. Man verliert dabei seine eigene Person, und das ist der größte Verlust für ein Individuum, der Supergau des ängstigenden Kontrollverlusts. Diese Urangst kann nur mit den schrecklichen Ängsten eines an einer paranoiden Schizophrenie leidenden Menschen verglichen werden, der seines einzelnen Ichs verlustig geht, weil er durch das Chaos in seinen vermeintlich beeinflussten Gedanken nicht mehr in der Lage ist, sein eigentliches Ego zu fassen. So versuchen wir, die „Gesunden", den Tag unseres endgültigen Ichverlusts so lange wie möglich hinauszuzögern.

Suizid

Dass sich Menschen dennoch selbst töten, obwohl wir doch alle Angst vor dem Tod haben, erklärt sich in dem Verlust der Kontrolle über die Ängste von suizidalen Patienten. Sie befinden sich in einer für sie völlig aussichtslosen Situation. Man bezeichnet das als suizidale Einengung. Ihr Denken verläuft in einem Tunnel, der kein Licht am Ende durchlässt.

Trotzdem fürchten sich auch Suizidale vor dem Tod. Meist ist es aber so, dass die Selbsttötung als eine Art Buße für die unerträgliche Schuld, die diese Menschen – unbegründet – empfinden, verübt wird. Somit wird die Angst vor dem Tod aufgewogen gegen das unerträgliche Empfinden von Schuld. Auch Märtyrer, die aus religiösen oder ideologischen Gründen ihr Leben opfern, handeln aus der Vorstellung, ihrem Glauben und ihrem Gott etwas schuldig zu sein. Allerdings spekulieren diese zusätzlich mit einer Belohnung im Jenseits für ihr Opfer. Sie leiden auch an Todesangst, aber der Bußgedanke ist stärker. Auch Jesus hat sich durch sein geplantes Sterben als Opfer für die Schuld gleich der gesamten Menschheit hingegeben.

Suizid resultiert oft aus dem Gefühl, wegen einer vermeintlichen moralischen Minderwertigkeit nur ein Stück Dreck zu sein. Der Tod ist dann eine Art der Reinwaschung, da ein weiteres Leben mit dem verachteten Ich unmöglich ist, es wird nicht mehr akzeptiert. Dabei findet eine Desintegration der eigenen Persönlichkeit statt. Beim Suizid geht es dann um die Vernichtung des moralisch verwerflichen Geistes, dass dabei auch der Körper zugrunde geht, ist ein Nebeneffekt der Tat.

Herr Pa. lebt zurückgezogen in einem Zinshaus, die wenigen Menschen, die er trifft, sind seine Nachbarn, denen er manchmal im Stiegenhaus begegnet. Unmittelbar neben ihm lebt eine Frau, die er jeden Abend Klavier spielen hört. Zu dieser unbekannten Frau hat Herr Pa. eine wahnhafte Beziehung entwickelt. Er stellt sich vor, dass sie nur für ihn spielt. Er möchte ihr mitteilen, dass er ihr Klavierspiel sehr genießt, traut sich aber nicht, sie anzusprechen. In seinen Fantasien deutet er die Klavierstücke als Botschaften an ihn. Eines Tages ergibt es sich, dass Herr Pa. und die Klavierspielerin gemeinsam den Lift benützen. Herr Pa. ist an diesem Tag stark erkältet und er befürchtet, die Frau anzustecken, deshalb schweigt er während der Fahrt.

Einige Tage später wartet er vergeblich auf das abendliche Konzert. Auch am nächsten Tag ist es still und am übernächsten ebenfalls. Vorerst tröstet er sich noch damit, dass sie vielleicht keine Lust oder Zeit hatte, dass sie kurz weggefahren sein könnte. Doch dann beginnen seine sowieso depressiv geprägten Gedanken zu kreisen. Er erinnert sich, dass er erkältet war und sie möglicherweise angesteckt hat. In seinem Kopf entwickelt sich ein Katastrophen-Karussell: Sicher hat er sie infiziert, weil er nicht die Treppen benutzt oder sich einen Schal um den Mund gebunden hat. Bald schon ist er davon überzeugt, dass er sie getötet haben muss.

Er sieht sich selbst als egoistischen, bösartigen Menschen, der jetzt auch noch das Leben einer wunderbaren Person am Gewissen hat. Es gibt für ihn nur eine Möglichkeit, dieser Schuld zu entkommen: Er muss sich suizidieren, denn er ist es nicht wert, mit diesem Verbrechen weiterzuleben.

Anhand des Beispiels von Herrn Pa. kann man die suizidale Einengung gut nachvollziehen. Seine Vorstellungswelt wird durch seinen Schuldwahn bestimmt. Dass er sich gerade die Nachbarin als dessen Objekt ausgesucht hat, war Zufall. Er hätte sich genauso gut auf einen anderen wahnhaften Inhalt fixieren können. Eine solche krankhafte Vorstellung ist durch eine defekte Steuerung der Neurotransmitter bedingt, es handelt sich offensichtlich um eine endogene Depression – eine schwere Erkrankung, die unbehandelt oft tödlich endet. Im Gegensatz zu jedem Menschen bekannten, situationsbedingten Stimmungsschwankungen treten die organischen Ursachen der endogenen Depression unabhängig vom Umfeld auf und werden häufig innerfamiliär weitergegeben. Deshalb ist es sehr wichtig, diesen Menschen durch eine Behandlung einen anderen Weg als den Suizid aufzuzeigen. Zumeist haben die Patienten keine Krankheitseinsicht und es ist deshalb manchmal unumgänglich, sie gegen ihren Willen in ein psychiatrisches Krankenhaus einzuweisen. Dabei bestimmt das Ausmaß des Wahns die Grenze der Eigenverantwortlichkeit. Für den einweisenden Arzt ist die Entscheidung oft sehr schwierig, trotzdem muss er diese Verantwortung auf sich nehmen, um das Leben des Betroffenen zu retten. Zum Glück sind diese nach einer Behandlung meistens dankbar dafür, dass ihr Suizid verhindert wurde.

Herr Pa. überlebt seinen Suizidversuch mit etlichen Knochenbrüchen.

Kapitel 4 – Angst und die Fantasie

Wie bereits beschrieben, braucht es für die Entstehung von Angst unser Vorstellungsvermögen. Die Stärke der Angstzustände hängt damit auch von der Art und dem Ausmaß der Fantasie über ein vielleicht eintretendes Unglück ab. Je drastischer wir uns eine gefährliche Situation in der Zukunft vorstellen, desto massiver ist die Befürchtung des Kontrollverlusts bei so einem Ereignis. Wenn unser limbisches System durch innerliche oder äußerliche negative Prognosen getriggert wird, kommt es zu Angstzuständen. Die Neuronen unserer Zentrale für Emotionen schütten dann Stresshormone aus, so dominiert die Angst bald die Vernunft. Aufgrund dieser Tatsache können etwa auch ganz offensichtliche Fake News bei vielen Menschen die Ausschaltung des Verstandes bewirken. Die Aktivierung des limbischen Systems ist der zuverlässigste Auslöser von Angstzuständen, da irrationale Ängste der eigenen Kontrolle am besten entkommen. Man kann die Furcht vor einer fiktiven Gefahr nicht durch eine vernünftige Erklärung bekämpfen.

Die selbsterfüllende Prophezeiung

Frau Qa. bildet sich ein, dass sie eine tödliche Krebserkrankung hat. Jegliche Empfindung deutet sie als baldigen Ausbruch eines Karzinoms. Trotz mehrerer Durchuntersuchungen, die nichts ergeben haben, glaubt sie, bald sterben zu müssen. Sie stellt sich detailliert vor, wie sie, an Schläuchen hängend und unter Schmerzen, ihr Leben aushaucht. Diese Vorstellung ist so dramatisch, dass sie ihren Alltag und vor allem die Nächte beherrscht. Da sie gegen diesen „Krebs" nichts unternehmen kann, empfindet sie ihre Situation als aussichtslos. Ihre Angstzustände bessern sich erst, als sie einen harmlosen Hautkrebs bekommt, der mit Salben behandelt werden kann. Diese Erkrankung und Therapie sind real, und sie erlangt wieder die Kontrolle über ihren Körper.

Die Fantasie beflügelt unsere Ängste. Doch unsere Einbildungskraft kann nicht nur Ängste unterhalten, sie kann auch den Eintritt des befürchteten Zustands bewirken – der selbsterfüllenden Prophezeiung sind wir bereits in Kapitel 3 (siehe Seite 55) begegnet. Auch Astrologie und Hellseherei wirken nach diesem Muster. Vor allem negative Weissagungen treffen sehr oft tatsächlich ein, weil die daran glaubenden Menschen so fest von einem nahenden Unglück überzeugt sind, dass sie nachweislich unaufmerksamer werden und ihnen dann häufiger Unfälle passieren. Gerade Horoskope sind zudem so allgemein formuliert, dass sie leicht auf alle möglichen Situationen zutreffen können. Wenn man dafür „anfällig" ist, merkt man sich negative Voraussagen eher und stellt dann fest, dass das Horoskop recht hatte. Diese selbsterfüllenden Prophezeiungen funktionieren, indem sie uns ad hoc in einen emotionalen Erregungszustand versetzen, aus dem sich dann weitere Komplikationen ergeben.

Schon immer hat die Angst, die Kontrolle zu verlieren, Konflikte und damit dann tatsächlich Kontrollverlust ausgelöst. So sind Bedenken und Furcht vor anderen, fremden Kulturen auch durch Vorstellungen über deren Denken und Handeln bedingt: Vorurteile fußen immer auf der Angst, mit Menschen konfrontiert zu sein, die man nicht einschätzen und deren Regeln man somit auch nicht überwachen kann. Das hat zur Folge, dass die Fantasie sich Verhaltensmuster dieser unbekannten Personen oder Gesellschaften ausdenkt, die in den meisten Fällen bedrohlich sind. Wenn dann noch einzelne Fälle auftreten, die diese Fantasien auch nur im Ansatz bestätigen, wird der ganzen Gruppe generell furchteinflößendes Verhalten unterstellt. Damit wird das friedliche Zusammenleben unmöglich. Die Angst vor den anderen impliziert also die selbsterfüllende Prophezeiung, dass eine Bevölkerungsgruppe bedrohlich sei.

Auch die in den vergangenen Jahren geführte Impfdebatte ist ein schlagender Beweis für die selbsterfüllende Prophezeiung: Impfskeptiker leiden in einem weitaus höheren Ausmaß an Impfnebenwirkungen, da sie durch permanentes In-sich-hinein-Hören Beschwerden entdecken, die sie sonst gar nicht registriert hätten. Der Kopfschmerz, der sonst möglicherweise der Büroarbeit zugeordnet worden wäre, wird dadurch unerträglich und als Folge der Impfung wahrgenommen, die Müdigkeit, die sonst als Überlastungssymptom gewertet worden wäre, ist das erste Anzeichen von „Long Impf-Covid" und die leicht erhöhte Temperatur wird als Beginn eines Impfschadens interpretiert. Auslöser dafür ist die Angst, mit der Impfung womöglich eine falsche Entscheidung getroffen zu haben.

Natürlich kann die selbsterfüllende Prophezeiung aber auch das Gegenteil bewirken: Fühlt der Impfbefürworter nach der Immunisierung Kopfschmerzen oder ähnliche Beschwerden, wird er darin den Beweis sehen, dass er besonders gut auf das Vakzin anspricht. Unsere

Fantasie spielt uns also mitunter – vor allem, was unsere Befürchtungen betrifft – bösartige Streiche. So ist oft die Vorstellung eines entsetzlichen Ereignisses schlimmer, als es dann in der Realität erlebt wird.

Frau Ra. ist Ärztin und hält sich nicht für eine sehr mutige Person. Sie schätzt sich selbst als schreckhaft ein, was ihr auch von ihrer Familie und ihren Freunden bestätigt wird. Deshalb schaut sie auch keine Krimis an, da sie weiß, dass ihr dann nachts ihre Fantasie Mörder, die sie in ihrem Bett massakrieren wollen, vorgaukelt. Doch als sie einmal im Nachtdienst von einem Patienten überfallen wird und einen klaren Kopf bewahren muss, um den Mann daran zu hindern, sie zu erwürgen, verspürt sie erstaunlicherweise keine Panik. Es gelingt ihr, mit dem Angreifer ins Gespräch zu kommen, sie lenkt ihn ab und kann die Security mittels Notknopf verständigen. Ganz im Gegensatz zu ihren nächtlichen Vorstellungen erlebt sie diese sehr bedrohliche Situation zwar angespannt, aber ohne jegliche Angst. Allerdings bewirkt diese reale Erfahrung nicht, dass ihr ihre Fantasie nicht nach wie vor des Nachts fiktive Mörder ans Bett schickt.

Wieder einmal sehen wir, dass Angst durch den Kontrollverlust getriggert wird. Sich im Bett liegend einen Überfall vorzustellen, bedeutet, sich nicht wehren zu können. Es gibt nur eine Möglichkeit, dieser Angstfalle zu entkommen, nämlich sich in die Realität zu versetzen. Schon das Anschalten einer Lampe oder das Lesen einer möglichst seichten Lektüre kann diese Fantasie unter Kontrolle bringen. Es geht in so einer Situation darum, aus der Vorstellungsfalle hinaus- und in die Realitätsumgebung hineinzuschlüpfen. Anhand des Beispiels von

Frau Ra. zeigt sich, dass das Ausmaß unserer Angst keineswegs vom realen Grad der Bedrohung abhängt. In der tatsächlich lebensgefährlichen Situation war sie im Gegensatz zu ihren fantasierten Gefahrensituationen souverän. Sie hat, rational betrachtet, genau das Richtige getan. Wenn man allerdings schreckensstarr im Bett liegend seinen eigenen Fantasien ausgesetzt ist und angsterfüllt keinen Zugang mehr zu einem entemotionalisierten Beherrschen dieses Zustands schafft, dann entzieht sich die Situation unserer Kontrolle.

Auch Panikattacken werden durch unsere Vorstellungskraft verursacht. Beliebter Schauplatz für das Auftreten von Angstzuständen sind bekanntlich Flugzeuge und Tunnels. Was beide Auslöser verbindet, ist, dass die Einbildungskraft dem Betroffenen oft ein Unglück wie einen Absturz oder eine Explosion suggeriert. Genauso könnte eine solche Panik im Lift, auf dem Berg oder in engen Räumen auftreten. Die Vorstellung, so einer Situation nicht entfliehen zu können, verursacht Angst, weil man gegen das Unglück nichts unternehmen kann. Die Katastrophe wird dann wie ein Film im Gehirn abgespielt. Leider kann man diesen Blockbuster nicht stoppen.

Genau da setzt bei diesen Panikzuständen auch die Therapie an: In der Verhaltenstherapie versucht man, dem Patienten durch mehrmalige Wiederholung der beängstigenden Situation zuerst in Gedanken und dann in der Realität einen Ausweg aufzuzeigen. Erlebt der Patient dann diese Situation mehrmals so, dass er die Kontrolle darüber gewinnt, ist die Panik auch weg. Genauso wie der Auslöser des Problems erlernt wurde, kann also auch die Lösung für ein Problem erlernt werden.

Gesamtgesellschaftliche Angstzustände, wie wir sie gerade anhand der aktuellen Häufung globaler Krisen sehen, ergeben sich ebenfalls durch das Gefühl des Kontrollverlusts. Wenn dann noch Politiker oder Experten auf die Bevölkerung ratlos wirken, überträgt sich diese Hilflosigkeit auf den Einzelnen, denn gerade in Gefahrensituationen, die alle betreffen, sucht man Führung, jemanden, der weiß, wo es langgeht. Hier treten dann oft laute „Herdenführer" auf, die dreist von sich behaupten, die Kontrolle zu haben, auch wenn ihre Lösungen absurd und unlogisch sind. Aber die Emotionen der Ängstlichen gehorchen leider kaum jemals dem Verstand. Sonst gäbe es auch keine Flugangst, denn statistisch handelt es sich beim Flugzeug um das sicherste Verkehrsmittel, es gäbe keine Tunnelangst, denn die meisten Verkehrsunfälle finden nicht im Tunnel statt. Frau Ra. aus dem vorigen Beispiel würde sich auch nicht vor nächtlichen Mördern fürchten, sondern vor Männern aus ihrem Bekanntenkreis, denn statistisch geht die größere Gefahr von ihnen aus oder eben, wie sie es schon erlebt hat, von aggressiven, betrunkenen Patienten.

Angstlust

Frau Ra. gehört offensichtlich nicht zu jenen Menschen, die das Betrachten oder Erleben eines Nervenkitzels genießen. Doch die Anzahl der Konsumenten des fiktiven oder auch wahren Abenteuers ist groß – es ist inzwischen ein umworbener Markt.

Schon die griechische Sagenwelt hat ihrem Publikum fantasievolle Gräuel geboten. Aus dieser Quelle schöpften die nachfolgenden Geschichtenerzähler und Literaten von Goethe bis Stephen King und auch heute noch Krimischreiber, Horrorfilmmacher, die Computerspielentwickler, die Betreiber von Geisterbahnen, die Produzenten von Horrorfiguren und Masken, die Halloweenindustrie und viele mehr. Die Angstlust lässt sich aber nicht nur von Stellvertretern anfachen, sondern auch durch Eigenerleben. Wer hat nicht schon einmal selbst sein Glück bemüht, wenn er noch schnell beim Grünblinken die Kreuzung gequert hat, wer ist nicht über seine technischen Möglichkeiten hinaus auf einer Skipiste hinuntergesaust, hat sich auf der Hochschaubahn einen Adrenalinkick besorgt oder das Schicksal herausgefordert, indem er im Meer bei hohem Wellengang zu weit hinausgeschwommen ist? Findige Unternehmer bedienen dieses Bedürfnis nach der Angstlust. Jeder Mechaniker, der für den 16-jährigen Buben das Moped „auffrisiert", jeder Bungee-Jumping-Betreiber, der das Abenteuer des freien Falls organisiert, der Paragleitverein, die Fallschirmspringergruppe – und nicht nur diese –, sie alle verkaufen Angstlust.

Dabei können nicht nur Aktionen, die lebensgefährlich sind, diese Lust vermitteln. Auch der Auftritt auf einer Bühne, die erste Rede vor einem Publikum, die Zivilcourage, für jemanden einzutreten, sind mit dieser Art von Angst verbunden. Die Erklärung dafür, warum wir dieses Gefühl suchen, liegt wiederum in dem Verlangen, die Kontrolle über sich und eine Situation zu haben. Hat man eine zunächst beängstigende Sache gut überstanden, kommt es zu einem hochgestimmten Gefühl. Es ist die Überwindung der Angst, die euphorisch macht und die einem die Sicherheit gibt, auch in Zukunft mit Schwierigkeiten fertigwerden zu können. Vor allem in der Jugend ist diese Methode, sich zu beweisen, eine Art Initiation ins Erwachsenenleben. In viele Kulturen gibt es Rituale, bei denen junge Männer durch Mutproben ihre Ängste überwinden müssen, eine Art Resilienz-Training. Bei vielen Naturvölkern war es schon aufgrund des feindlichen Umfeldes notwendig, den Nachwuchs darauf zu trainieren, seine Angst zu überwinden. Möglicherweise ist das heutige Bedürfnis vieler Jugendlicher nach der Konsumation von Horrorfilmen und Kampfspielen also eine Reminiszenz an frühere Mutproben. Unsere Art zu leben, bietet den Teenagern immer weniger die Möglichkeit, aus der Überwindung von Angst einen Gewinn an Selbstwert, ja Glücksgefühl zu erlangen.

Angstvermeidung bei Kindern

Indem wir unseren Kindern alle Gefahren aus dem Weg räumen, engen wir auch ihren Erfahrungsradius ein. Kinder müssen eigentlich lernen, sich Situationen zu stellen, vor denen sie sich fürchten. Doch wir kennen den Begriff Helikoptereltern: Wenn die Eltern ihren Kindern die Chance nehmen, sich zu behaupten, indem sie sie vor allen Unwägbarkeiten bewahren, können diese später Selbstunsicherheit und Unzufriedenheit entwickeln. Wenn Schwächen zudem nicht mehr als diese bezeichnet werden dürfen und stattdessen sogar zu einer Krankheit umgedeutet werden, dann wird die Bewältigung dieser Schwächen weg vom Betroffenen an einen Therapeuten delegiert. In diesem Zusammenhang scheint es dann ungehörig, an der Richtigkeit einer Legastheniediagnose, einer ADHS-Diagnose oder einer Turnbefreiung wegen Knieschmerzen zu zweifeln. Das führt dazu, dass es in der Zwischenzeit schon möglich ist, mithilfe eines ärztlichen, psychologischen Attests die Schule abzuschließen, ohne genauere Kenntnis von Grammatik und Rechtschreibung erlangt zu haben. Auch die Möglichkeit der Eltern, jede Notengebung anzufechten, bringt den Kindern oft nichts Gutes. Und wenn Interventionen nicht fruchten, dann gibt es immer noch die „Prüfungsneurose“, die, ebenfalls mittels ärztlicher Bestätigung, den Schüler vorm sofortigen Durchfallen bewahrt.

Der gesellschaftliche Konsens scheint inzwischen zu sein, dass Eltern nur dann „gut“ sind, wenn sie ihren

Kindern alle möglichen Ängste und Unsicherheiten, manchmal sogar bevor diese noch auftreten, aus dem Weg räumen. Es ist zwar verständlich, dass man für seine Kinder nur das Beste möchte, aber das scheinbar Beste ist eben nicht immer das faktisch Beste. Es ist gerade für Eltern schwierig zu unterscheiden, ob es für ein Kind notwendig ist, eine Sache, sei sie auch mit Angst vor dem Versagen verbunden, allein durchzustehen, oder man sie ihm abnehmen sollte. Da der angstauslösende Pegel bei jedem Menschen unterschiedlich ist, ist die Unterstützung individuell zu dosieren. Denn auch für Kinder gilt: Was bei dem einen Panik auslöst, nimmt das andere mit Gelassenheit. Viele Eltern übertragen jedoch ihre eigenen Ängste auf ihre Kinder. Hatte Papa in der Schule Angst vor Mathematik, so wird er das möglicherweise auch bei seinem Kind vermuten, fürchtete sich Mama vor einem Felgaufschwung, so wird sie ihr Kind eventuell auch nicht motivieren, einen solchen zumindest zu versuchen.

Anstatt die beängstigende Sache für das Kind aus dem Weg zu räumen, wäre es aber besser, dieses Wagnis mit dem Sprössling in Gedanken durchzuspielen und ihm dabei kleine Tipps zu geben, wie er diesen vorgestellten Schwierigkeitsberg zu einem Hügel abtragen kann. Genauso wie Fantasie die Furcht konstruiert, kann sie diese Furcht auch eliminieren. Sobald man nämlich eine Strategie zum Erlangen der Kontrolle entwickelt hat, hat die Angst keine Chance mehr. Die Entwicklung der Kinder betreffend, bedeutet das vor allem, zunächst zu überprüfen, ob die Aufgabe, vor der sich der junge Mensch fürchtet, seinen Fähigkeiten entspricht oder ob sie diese übersteigt. Obwohl besonders Helikoptereltern dazu neigen, die Begabungen ihrer kleinen „Genies“ zu überschätzen, sind gerade sie es, die jede Hürde frühzeitig wegräumen. Ziel der Angstbewältigung sollte es aber sein, unüberwindlich scheinende Aufgaben in kleinen Häppchen aufzubereiten und *step by step* eine Lösung zu finden.

Frau Sa. hat einen siebenjährigen Sohn. Sie selbst hat ihr Studium nicht beendet, weil sie einen vermögenden Mann geheiratet hat und bald darauf schwanger wurde. Sie leidet bis heute unter dem Studienabbruch und konzentriert sich jetzt voll und ganz auf die Erziehung ihres Sohnes. Schon in der ersten Klasse der Volkschule gibt es immer wieder Probleme mit der Lehrerin, da diese sich über das unerzogene Verhalten des Buben beschwert. Er stört, macht im Unterricht nicht mit, ist unhöflich und unbeliebt bei den anderen Kindern. Bald will der Sohn aus Angst vor der Lehrerin und den Mitschülern die Schule nicht mehr besuchen. Frau Sa. interpretiert die Probleme dahingehend, dass, wie sie in Ratgeberliteratur gelesen hat, hochbegabte Kinder in einer normalen Schule oft an Unterforderung leiden, und beschwert sich daraufhin, dass ihr Sohn in der Klasse unterfordert sei und deshalb störe. Er brauche mehr Aufmerksamkeit und Förderung seiner Hochintelligenz.

Auch ein Schulwechsel ändert nichts an den Schwierigkeiten. Daraufhin reicht Frau Sa. eine Beschwerde beim Unterrichtsministerium ein. Das trägt natürlich nicht zu einem versöhnlicheren Klima zwischen ihrem Sohn und seiner Lehrerin bei. Frau Sa. sieht deshalb als einzige Lösung, dass sie den Buben von nun an selbst zu Hause unterrichtet. Außerdem startet sie eine Initiative zur Gründung einer Volkschule für Hochbegabte, anstatt zu versuchen, ihr Kind mit dem Schulsystem zu arrangieren. So katapultiert sie sich immer mehr in die Position einer Querulantin gegenüber den Schulbehörden.

Wir wissen nicht, wie sich der Sohn von Frau Sa. entwickeln wird. Sicher scheint aber, dass er durch sein problematisches Verhalten zusehends sozial isoliert wird und ihm dadurch der Kontakt zu Gleichaltrigen in der Entwicklung fehlt. Anstatt dem Kind, ob hochbegabt oder nicht, dabei behilflich zu sein, sich den Regeln des Schulbetriebs anzupassen, räumt Frau Sa. ihrem Sohn alle Probleme und damit auch die Schule aus dem Weg. Sie bedenkt nicht, dass, auch wenn man Hindernisse wegräumt, das Ziel, also der Schulabschluss, trotzdem erreicht werden sollte. Es wäre in dieser Situation zielführender gewesen, sich mit Kind und Lehrerin zusammenzusetzen, um eine Möglichkeit der Förderung seiner Begabung, aber auch seiner Disziplinierung auszudiskutieren. Manchmal ist es auch erforderlich, Kinder mit der Angstsituation zu konfrontieren, sie sozusagen ins kalte Wasser zu stoßen. Meistens erleben sie dadurch, dass dieses Wasser nicht eiskalt, sondern zumindest lauwarm ist.

Tatsächlich ist es oft so, dass eigentlich sehr intelligente Kinder, die leicht lernen, unter Schulangst leiden. Das liegt oft daran, dass sie sich aufgrund ihrer Intelligenz und damit der weit gestreuten Fantasie alle Varianten des Schulversagens vorstellen können. Oft sind gerade Einserschüler diejenigen, die ständig befürchten, die Klasse nicht positiv abschließen zu können. Auch bei diesen Schülern wäre es wichtig, dass Eltern mit ihnen alle beängstigenden Situationen durchspielen und ihnen damit die Sicherheit vermitteln, Prüfungssituationen unter Kontrolle zu haben. Das geschieht am besten durch Visualisierung vor allem des befürchteten Versagens. Zumindest gedanklich sollte die Möglichkeit einer verpatzten Prüfung oder Schularbeit erlebt werden, damit verstanden wird, dass eine negative Note noch lange nicht den Weltuntergang bedeutet. So kann Kontrolle über den Inhalt der Angst erlernt werden. Es geht immer darum, die vernichtenden Fantasien mithilfe des Verstandes zu widerlegen.

Niederlagen gedanklich durchleben

Wie beschrieben, eilt jedem Sieg die Angst vor dem Versagen voraus. Auch wenn es den meisten Menschen nicht bewusst ist, so ist sie die Triebfeder für den Ehrgeiz, ein Ziel erfolgreich zu erreichen. Um sich selbst und anderen etwas zu beweisen, braucht es ein gehöriges Quantum an Energie und Überwindung.

Zuerst entsteht die Idee, etwas Schwieriges zu leisten. Diese speist sich aus dem Wunsch, vor sich selbst oder der Umgebung gut dazustehen. Jegliche Selbstdarstellung fußt auf dem Bedürfnis, anerkannt und geliebt zu werden. Man befürchtet also, ohne besondere Performance **nicht** anerkannt und geliebt zu werden. Diese Erfahrung macht man bereits von klein auf. Schon der Säugling erhält positives Feedback auf Geleistetes: Alle applaudieren, wenn das Baby das erste Mal allein sitzt, wenn es sich umdreht, aufsteht, das erste Wort spricht. Lob ist schon in diesem Alter mit Leistung verknüpft. So lernt das Kind: Sich anzustrengen bringt Beifall und damit Zuneigung. Daran ändert sich auch im weiteren Leben nicht viel, immer wieder muss ein Lob so erkämpft werden. Die Befürchtung, ohne Anstrengung nicht geliebt zu werden, ist also nachvollziehbar und sie ist der Motor für jede Leistungserbringung. Zugleich gesellt sich aber zum Entschluss, etwas zu vollbringen, die Angst, es nicht zu schaffen. Allerhand Ängste, die vor allem von der kreativen Vorstellung der Niederlage gespeist werden, begleiten uns bis zum Sieg. Eigentlich ein Widerspruch, denn wir lassen uns aus Angst vor Liebesverlust auf eine Herausforderung ein, die dann wieder von Angst vor dem Versagen begleitet wird.

> Frau Ta. ist Schauspielerin. Sie wuchs in einem lieblosen Elternhaus auf, die Mutter war depressiv und der Vater oft alkoholisiert und gewalttätig. Schon früh hat Frau Ta. entdeckt, dass sie als Kasperl die Aufmerksamkeit und Zuneigung ihrer Umgebung bekommt. Um ihre Mutter aufzuheitern und den Vater abzulenken, erfand sie clowneske Vorstellungen, die ihr meist eine Geste der Zuneigung oder zumindest ein Lächeln der Eltern einbrachten. Auch in der Schule und im Kontakt mit anderen Menschen griff sie auf ihre Begabung als Komikerin zurück. Daher ist es für sie später naheliegend, den Beruf der Schauspielerin zu ergreifen. Waren ihre Vorstellungen privat durchaus ohne Lampenfieber möglich, so stellen sich auf der öffentlichen Bühne aber massive Ängste ein. Es scheint, als ob sie ihren Plan aufgeben müsste. Erst ein älterer Kollege, der ihr rät, das Lampenfieber als Energiequelle umzudeuten und den damit verbundenen Adrenalinschub als Motor zu sehen, schafft es, sie mit ihren Ängsten zu versöhnen. Sein Rat: „Du bist am besten, wenn du durch deine Angst über das Publikum siegst!“, bewährt sich für Frau Ta.

Frau Ta. muss sich den Applaus zwar weiterhin mühselig erkämpfen, aber die Angst kann sie als Teil ihrer Arbeit als sinnvoll akzeptieren. Sie hat gelernt, dass die Angst vor dem Versagen auch unheimlich inspirierend sein kann, denn der Umgang und die Überwindung dieses Gefühls erhöhen ihr Vertrauen in sich selbst. Jeder Auftritt ist für sie wie ein kleiner Sieg und macht sie glücklich. Es gelingt ihr immer öfter, sich den Applaus vorzustellen, anstatt sich der Buhrufe sicher zu sein. Sie schafft es auch immer besser, die Vorstellung, dass sie durchfällt, auszuhalten, ohne zu verzweifeln. Das Beispiel zeigt: Es ist wichtig, Niederlagen gedanklich durchzuspielen, um sich so gegen reale Katastrophen zu wappnen, gleichzeitig sollte aber das Bild des Sieges immer im Kopf bleiben. Die Fantasie des Versagens muss also mit der Fantasie des Sieges in Konkurrenz treten.

Kapitel 5 – Angst und Glück

Wir sind ein Spielball des ständigen Aufs und Abs unserer Gefühle. Dadurch empfinden wir, das macht den Menschen aus. Ein kleines Gedankenexperiment veranschaulicht das: Stellen Sie sich vor, immer dieselbe Emotion zu verspüren. Gehen wir davon aus, dass Sie stets euphorisch, ausgeglichen oder auch verzweifelt sind. Es wäre dann für Sie unmöglich, eine einzelne Stimmungslage zu benennen, da Sie den Unterschied nicht erkennen würden. Das wäre etwa so, als könnten Sie nur die Farbe Rot sehen, dadurch wäre Ihnen die Einfärbigkeit gar nicht mehr bewusst. Genauso erginge es Ihnen mit immer derselben Stimmungslage. So zynisch es klingen mag, aber ein Mensch, der keine Angst empfindet, kann auch über ihr Verschwinden kein Glück empfinden. Denn die Rettung aus der eigenen Furcht löst als Reaktion das Glücksgefühl, entkommen zu sein oder etwas unter Kontrolle gebracht zu haben, aus.

Frau Ua. wird verständigt, dass in ihrem Büro ein Coronafall aufgetreten ist und sie sich möglicherweise angesteckt hat. Sie muss einen PCR-Test machen. Bis zum Ergebnis, das erst am übernächsten Tag einlangt, ist sie aufgeregt und hat große Angst, dass sie schwer erkranken wird und ihre Familie angesteckt hat. Als sie eine Mail mit dem Ergebnis bekommt, traut sie sich lange nicht, die Nachricht zu öffnen. Sie spürt alle Symptome von Panik. Als sie sich dann endlich dazu aufrafft und das negative Ergebnis liest, schießen ihr vor Erleichterung und Freude Tränen in die Augen. Das Glück über diese Frohbotschaft hält den ganzen Tag an.

Jeder von uns kann sich an ein solches Ereignis aus den vergangenen drei Jahren erinnern, Beispiele finden sich auch in Situationen aus der Kindheit und Jugend: Etwa, wenn wir in der Schule verängstigt auf das Ergebnis einer Schularbeit gewartet haben und dann mit einer guten Note beschwingt nach Hause gegangen sind. Oder auch die Angst, wenn die Person, in die man verliebt war, nicht anrief, und es dann doch noch mit einem Date geklappt hat. Die Freude über den Ausgang empfinden wir nur nach vorheriger Angst. Man muss sich das Glück eben „verdienen“. Ein Prinzip, das sich auch die Religionen zunutze machen: Angst und Leid im Diesseits werden mit Glück im Jenseits belohnt.

All das spielt sich aber nicht auf einer bewussten Ebene ab. Wer ist sich schon im Klaren darüber, dass banale Ereignisse wie der Stress an einer roten Ampel, die das gefürchtete Zuspätkommen wahrscheinlicher macht, einem beim Umspringen auf Grün ein kurzes Glücksgefühl beschert? Doch diese Erfahrungen sind für unser gesellschaftliches Zusammenleben äußerst wichtig. Erst mit einer Belohnung durch Hochstimmung sind Menschen auch bereit, sich anzustrengen. Wozu sonst sollte man sich mit Erwartungsangst belasten, wenn man nicht gelernt hätte, dass diese sich auszahlt?

Nicht nur der Einzelne, sondern auch die Gesellschaft macht sich diese menschliche Eigenschaft zunutze, denn unsere sozialen Regeln funktionieren nicht nur durch die Androhung von Strafe. Der junge Mann, der in der Straßenbahn für eine wackelige alte Dame Platz macht, wird für sein Handeln mit dem Hauch eines guten Gefühls belohnt, das er sich durch das Zurverfügungstellen des Platzes „gekauft“ hat. Und auch jede Spende entspricht dem Gegenwert des Wohlgefühls, dass man sich dadurch um andere weniger Sorgen machen muss.

Die Reaktion unseres Gehirns, nach dem Abklingen von Angst mit einem Glücksgefühl zu antworten, ist eine Triebfeder dafür, Strategien zu finden, Furcht in Glück umzuwandeln. Nicht alle Wege dahin sind immer zielführend, aber das Erfolgsmodell Mensch beweist, dass dieses Belohnungssystem funktioniert, denn meist werden wir fürs Fürchten tatsächlich mit Wohlgefühl belohnt.

Der Begriff Resilienz beschreibt das Wachsen der Persönlichkeit durch traumatische Situationen, die mit Angst verbunden sind. Selbstverständlich prägt die Erfahrung, Gefahren zu überwinden und die Kontrolle über eine Situation zu erlangen, einen Menschen – und macht glücklich. Wie sehr man für durchgemachte Angst anschließend mit Glückshormonen belohnt wird, prägt den Umgang mit erlebten oder auch nur vorgestellten Bedrohungen. Je öfter ein Mensch schwierige Umstände erfolgreich meistert und damit auch die Angst unter Kontrolle bringt, desto eher ist er in der Lage, etwas zu riskieren. Ausbildungen bei der Polizei oder beim Bundesheer fußen auf dem Trainieren des Umgangs mit dieser Angst. So ein Training kann nicht nur bei der Furcht vor körperlichem Schaden, sondern auch in Alltagssituationen nützlich sein.

Herr Va. bezeichnet sich selbst als schüchternen, introvertierten Menschen. Schon in der Schule waren ihm schriftliche Prüfungen lieber, als vor der Klasse mündlich abgefragt zu werden. Nach dem Informatikstudium, das er bewusst gewählt hat, in der Hoffnung, öffentlichen Situationen aus dem Weg gehen zu können, wird er tatsächlich vorerst im Homeoffice ohne ständige Sozialkontakte beschäftigt. Aber gerade seine hervorragenden Leistungen bringen ihn in eine Lage, die er eigentlich zu vermeiden trachtete: Er wird befördert und sein Aufgabenfeld durch verpflichtende Vorträge und die Teilnahme an Konferenzen erweitert. Herr Va. entscheidet sich dazu, sich seiner Angst zu stellen. Schon Tage vor seinem ersten Vortrag liegt er schlaflos im Bett, obwohl er sich ausgezeichnet vorbereitet hat. Er hat die Rede x-mal vor dem Spiegel geprobt, ein Video von sich aufgenommen, seine Performance oftmals korrigiert. Eigentlich kann nichts schiefgehen. Trotzdem fürchtet er, dass er vor Publikum kein Wort herausbekommt. „Dr. Google“ rät ihm, vor dem Vortrag einen Betablocker, also ein Medikament, das den Herzschlag verlangsamt, zu schlucken.

Herr Va. spricht mit seinem Hausarzt, der ihm das Medikament verschreibt und empfiehlt, es vorab auszuprobieren. Herr Va. kommt mit dem Betablocker gut zurecht. Sein Vortrag verläuft erfolgreich ohne Stocken und Stottern. Er ist glücklich. Auch bei darauffolgenden Reden bleibt die ängstliche Spannung erhalten, aber mit jedem Auftritt wird er gelassener. Bald kann er auch ohne Medikament auf der Bühne stehen und genießt den Applaus.

Herrn Va.s Beispiel zeigt, dass die Überwindung der Angst zu einem Glücksempfinden führt, das sich dann auch auf die Schwere der Angst in ähnlichen Situationen auswirkt. Zur Bewältigung ist es aber notwendig, persönliche Arbeit in Strategien zu investieren, um sich dafür sein eigenes, individuelles Handwerkszeug zuzulegen. Kann der eine mit seiner Furcht umgehen, indem er sich eigene strenge Kontrollinstanzen erdenkt, so braucht der andere vielleicht ein Ventil für die geistige Überlastung durch strapazierende Bewegung. In beiden Fällen handelt es sich um Arten der Anstrengung, geistiger oder körperlicher. Auch hier gilt also: Das Weiterbestehen von Angst braucht die Muße des Angsteigners. Das Gehirn macht die Angst, kann sie aber auch vernichten. Es ist – in diesem Fall zu unserem Vorteil – kein guter Multitasker. Verspürt man Angst, hat man also die Wahl: Entweder fürchten oder etwas tun!

Schon banale Verrichtungen wie das Ausräumen des Geschirrspülers können Angst zumindest kurzzeitig kontrollieren. Vor allem motorische Tätigkeit, die mit Anstrengung verbunden ist, bringt unser Gehirn in einen entspannteren Modus. So können Menschen auch unvorstellbar belastende Situationen überleben, denn die Aktivierung aller körperlichen Kräfte führt gleichzeitig zur Beruhigung panischer Reaktionen. Aber auch nicht körperlich anstrengende Handlungen können helfen, die Angst unter Kontrolle zu bringen. Wir sehen etwa manchmal Bilder von Zivilisten inmitten von Kriegswirren, die zu Hause Molotowcocktails in Flaschen mischen oder sich anderweitig „bewaffnen". Allein schon die Annahme, dass ihre Tätigkeit etwas zum Ausgang des Krieges beitragen könnte, gaukelt diesen Menschen eine Art von Kontrolle über die Schrecken vor. Es ist kaum anzunehmen, dass diese selbst gebauten Verteidigungsmaßnahmen den Feind in einem Krieg nachhaltig beeindrucken, aber es hilft der Bevölkerung, nicht zu panisch zu werden. Handeln macht also Mut und spendet Hoffnung. Auf ängstigende Situationen mit Tätigwerden zu reagieren, hat die Menschheitsgeschichte geprägt.

Angst als Antrieb

Zurzeit kämpfen wir mit dem Klimawandel. Trotz besseren Wissens hat sich noch kein Staat in Europa zum Umstieg auf klimafreundliche Industrie durchringen können. Vielleicht bringt der Ukrainekrieg und die damit verbundenen Diskussionen über Gasknappheit und alternative Energielieferanten in manchen Punkten einen Paradigmenwechsel. Das geschieht in diesem Fall nicht wegen der Angst vor Dürren auf unserem Kontinent durch die Erderwärmung – diese Prognosen sind für uns großteils noch immer viel zu abstrakt –, sondern weil wir durch den Krieg in unserer Nähe aus unserer Komfortzone geholt werden und plötzlich Angst vor einer kalten Wohnung haben müssen. Die Angst hat uns also zum Handeln bewogen und dadurch sind wir bereit, Geld und Kreativität in zukunftsträchtige Energiegewinnung zu investieren. So hat sich in Österreich 2022 die Einspeisung von Energie durch Photovoltaikanlagen gegenüber dem Vorjahr beinahe verdoppelt und dieser Zuwachs wäre noch höher, wenn es nicht an Bauteilen und Fachkräften für die Errichtung fehlen würde. Um sich von der Abhängigkeit von Erdgas zu befreien, rüsten viele Hausbesitzer derzeit außerdem auf umweltschonende Wärmepumpen um. Schon allein das Bedürfnis, aktiv und damit Herr über die Lage zu werden, löst also mitunter gesellschaftliche Weiterentwicklungen aus.

In Krisenzeiten lässt sich aber noch ein weiteres Phänomen zur Entängstigung beobachten: Zwangshandlungen bei einer krankhaften Angststörung erscheinen uns von außen betrachtet vielleicht lächerlich, aber sie sind doch nur extreme Ausformungen der Bewältigung von Panik durch Handeln. In abgespeckter Form sind sie jedermann vertraut. Während des ersten Lockdowns wurden im Internet vermehrt Videos mit Instruktionen für das richtiger Zusammenräumen angeklickt, und zwar millionenfach. Jemandem beim Neusortieren eines Kleiderschrankes zuzusehen, schien plötzlich interessanter zu sein als jeder andere Clip. Das ist insofern nicht verwunderlich, als die Menschen sich gerade zur Zeit der Pandemie nach Struktur und irgendeiner Ordnung gesehnt haben. Gerade dann, wenn alles aus dem Ruder zu laufen scheint und wir uns vor der Zukunft oder den Zuständen fürchten, gibt uns das Tun Sicherheit. Die manuelle Tätigkeit vermittelt ein Glücksgefühl.

Frau Wa. ist eine erfolgreiche Managerin in einem großen Konzern. Keiner ihrer Mitarbeiter dort weiß, dass sie unter ständigen Panikattacken leidet. Manche finden es höchstens verwunderlich, dass auf ihrem Schreibtisch nichts liegen darf und selbst die tägliche Post sofort millimetergenau auf einen Stapel in einem Schrank abgelegt werden muss. Die sterile Atmosphäre ihres Office wird nur durch mehrere Zimmerpflanzen abgeschwächt. Nur diesen ist es „gestattet", hie und da ein braunes Blatt auf den Boden fallen zu lassen. Trotz der strengen Sauberkeitsanforderungen im Büro ist es dem Reinigungspersonal strengstens untersagt, die Ecke mit den Pflanzen zu reinigen oder gar diese Blumenstöcke zu gießen. Das macht Frau Wa. selbst.
Niemand weiß, dass sie immer dann, wenn bei ihr eine Panikattacke droht, in ihrer Pflanzenecke nach dem Rechten sieht. Sie entfernt dann die gelben Blätter, kontrolliert die Feuchtigkeit der Erde, und wenn es gar zu beängstigend wird, füllt sie kleine Töpfchen mit Humus, um darin Samen, die sie in ihrer untersten Schreibtischlade deponiert hat, einzusetzen. Die vorpräparierten Anzuchttöpfchen nimmt sie dann mit nach Hause, um sie in ihrem Garten auszupflanzen.

Danach fühlt sie sich sogleich besser. Ihre Freizeit widmet sie ausschließlich ihrem Garten, in dem sie selbst die anstrengendsten Tätigkeiten allein erledigt. Je mehr sie sich dabei abmüht, desto freier von Angst fühlt sie sich. Wenn sie nach der Gartenarbeit auf ihre zerkratzten Arme und Beine blickt, ist sie glücklich.

Frau Wa. ist ein gutes Beispiel dafür, dass gerade sehr erfolgreiche Menschen, die man nicht selten für kühl und rational hält, oft besonders angstgefährdet sind, da sie ihren hart erarbeiteten finanziellen und sozialen Status nicht verlieren wollen und ihr Selbstbewusstsein stark an ihren beruflichen Erfolg gebunden ist. Ihre Angstbewältigungsstrategien beruhen auf sehr viel Fleiß. Die Erfahrung, dass harte Arbeit gegen die Angst hilft, bahnt vielfach den Weg zu einer erfolgreichen Karriere – falls der Verstand die nötigen Voraussetzungen bietet. Dabei setzt allerdings der Erfolgsdruck eine Aktionskaskade in Gang. Wenn so ein Mensch den ersten Erfolgslevel erreicht hat, zwingt ihn seine Angst, den nächsten anzustreben und den nächsten und so weiter. Dann, ganz oben, muss er sich sehr anstrengen, um auch dort zu bleiben. Da wird die Angst, nicht am höchsten Gipfel zu landen, durch die Furcht, wieder abzustürzen, verstärkt.

Alle legendär heroischen Menschen gehören dieser Kategorie an. Ob es Wissenschaftler sind, die im Selbstversuch Krankheiten bei sich auslösen, um Medikamente zu testen, oder Pioniere technischer Entwicklungen, die ebenfalls ihr Leben riskieren. Der Drang dazu entspringt der Befürchtung, den eigenen oder auch fremden Ansprüchen nicht gerecht zu werden. Die Belohnung nach einem Zwischenschritt auf der Erfolgsleiter ist dann ein Happen Glückseligkeit.

Auf diesem manischen Drang nach dem Immer-besser-sein-Müssen beruht auch die Lust am Spiel. Woher sonst kommt der Zwang, bei einem Glücksspiel wie Roulette immer wieder zu setzen, obwohl der Verstand weiß, dass am Ende immer die Bank gewinnt? Oder der Wille des Pokerspielers, sinnlos zu trainieren, um möglichst suffizient zu werden? Jedes Spiel funktioniert nur durch die Angst vor dem Versagen und dem Versprechen auf das Glück. Wie auch in der Karriere wird dieses Versprechen ebenfalls immer wieder durch häppchenweisen Erfolg genährt.

Angst und Moral

Unsere Glücksmomente sind, wenn sie nicht den Trieben entspringen, immer die Bezahlung für Anstrengung und Engagement, leider auch im negativen, destruktiven Sinne. Denn auch Verbrechen werden mit Glücksgefühlen belohnt, wenn sie eine Angstbefreiung bewirken. Der Despot, der sich durch Mord von einem möglichen Konkurrenten befreit, wird auch mit Endorphinen beschenkt, weil er sich durch den Tod seines Widersachers eines Angstauslösers entledigt hat. Der Betrüger, der es wieder einmal durch Trickserei geschafft hat, an Geld zu kommen, wird seinen Coup fröhlich mit Champagner begießen, ist er doch für eine Zeit seine finanziellen Sorgen los. Der Ladendieb, der nicht erwischt wurde, freut sich, dass er die Angst, wegen seiner Mietschulden aus seiner Wohnung geworfen zu werden, durch den Verkauf des Diebsgutes beseitigt hat. Wir sehen: Unser Belohnungssystem ist recht wahllos, es folgt keiner moralischen Wertung.

Als moralische Instanz fungiert in diesem Zusammenhang allerdings die Persönlichkeit des Menschen. Je nach Ausprägung der sozialen Kompetenz und Empathiefähigkeit ist vor allem die Art der Handlung, welche mit

Glücksgefühlen belohnt wird, von anerzogenen und angeborenen Persönlichkeitsstrukturen abhängig: Ein empathischer Mensch wird seine Angst nicht durch ein Verbrechen, ja, nicht einmal durch ein kleines Vergehen beseitigen können. Im Gegensatz dazu kann ein Soziopath die Furcht sehr wohl mittels Gewalt beseitigen und anschließend darüber beglückt sein.

Es ist nicht angebracht, unsere westliche Gesellschaft als moralisches Vorbild für andere Gesellschaften zu positionieren, nur weil wir uns kultivierte Instrumente der Konfliktlösung auf die Fahnen heften. Es ist leicht, aus der Position der Wohlhabenden auf die an Mangel Leidenden herunterzublicken, wenn sich diese ihre Furchtreduzierung gewalttätig verschaffen. Der Umgang mit einem „Feind", vor dem man sich fürchtet, hängt ja auch nicht allein von der persönlichen Reaktion ab. Es stellt sich immer die Frage, ob Aggression als Mittel zur Angstminimierung berechtigt ist oder ob ein friedlicher Umgang ebenso zielführend wäre.

Glücksauslöser Selbstbestimmung

Bei Frau Xa. wird im Rahmen einer Mammografie ein Karzinom diagnostiziert. Sie wird operiert und behandelt. Die Ärzte machen ihr Hoffnung, dass sie nach Abschluss der Chemotherapie höchstwahrscheinlich geheilt sein wird. Frau Xa. fiebert auf den Tag des Abschlusses ihrer Behandlung hin. Gleichzeitig fürchtet sie sich aber, dass sich bei der Kontrolluntersuchung herausstellen könnte, dass der Krebs noch immer da ist. Sie tröstet sich, indem sie sich vorstellt, dass sie, wenn alles gut ausgeht, für immer glücklich sein wird, und nimmt sich vor, sich mit einer Reise für die ausgestandenen Qualen zu belohnen. Sie überlegt, was sie sich noch alles gönnen und wie sehr sie das Leben anschließend genießen wird. Bei der Kontrolluntersuchung stellt sich heraus, dass sie vorläufig geheilt ist. Frau Xa. ist natürlich glücklich über diese Botschaft, doch anstatt euphorisch zu feiern und im nächsten Reisebüro eine Weltreise zu buchen, geht sie einfach nach Hause und putzt die Küche.

Die Reaktion von Frau Xa. auf ihre Heilung ist nicht ungewöhnlich. Zwar beschert ihr die Entängstigung einige glückliche Wochen, doch sehr bald sorgt sie sich anstatt um ihre Gesundheit wieder um das Wohlbefinden ihrer Familie, um die steigenden Lebenskosten, um den Klimawandel und so weiter. Wir sehen: Glück kann man nicht für die Ewigkeit durch die Überwindung einer realen Ursache von Angst pachten. Was die Menschen nach einem beendeten Krieg und Frau Xa. gemein haben, ist die Tatsache, dass die zeitliche Erleichterung nach einer Periode der Angst keineswegs vom Ausmaß der vorhergegangenen Belastung abhängt. Beide Auslöser extremer Anspannung sind fremdbestimmt, daher nicht unter eigener Kontrolle und deshalb nicht von Dauer.

Da jeder unserer Gefühlsausbrüche eben eine Folge der Ausschüttung von Neurotransmittern ist, lässt sich das Glück leider nicht festhalten. Weder das Ausmaß noch die Dauer des Glückszustands ist vom vorhergegangenen Umfang der Angst abhängig. Wenn aber auch das Glücksgefühl nicht durch mehr oder weniger Angst erkauft werden kann, so macht es doch einen Unterschied, ob man die Angst selbst besiegt hat oder sie von außen ohne eigenes Zutun beseitigt wird.

Bei Frau Xa. ist zwar nicht der euphorische Zustand, den sie sich nach Bekanntgabe des Befundes vorgestellt hat, eingetreten, aber auf Anraten ihres Arztes macht sie jetzt regelmäßig Sport. Sie nimmt sich die Zeit, jeden Tag eine Stunde joggen zu gehen. Danach fühlt sie sich stark, ausgeglichen und glücklich. Wenn man sie fragt, was ihre Stimmung dauerhaft gehoben habe, die Botschaft ihrer Gesundung oder dass sie ihr Wohlbefinden selbst stärkt, so wird sie bestätigen, dass das positive Gefühl nach ihrer morgendlichen Laufrunde sich gleich wie die Emotion nach der Befundbesprechung anfühlt. Sie kann das selbst kaum verstehen. Nach dem Lauf fühlt sie sich sicher und es verflüchtigt sich die Angst, einen Rückfall zu erleiden. Sie hat den Eindruck, dass sie so Herr über ihren Krebs geworden ist.

Auch Frau Xa. erlebt, dass die persönliche Kontrolle Angst am besten in Schach halten kann, denn die Kontrolle von außen kann sie nicht beeinflussen und das vergrößert ihr Gefühl der Hilflosigkeit. Wie Frau Xa. ergeht es vielen kranken Menschen. Ihre Machtlosigkeit im Umgang mit ihrem Leiden steigert die Furcht, nicht gesund zu werden. Das ist ein Aspekt der Behandlung, auf den die moderne Medizin zu wenig Rücksicht nimmt und die Patienten dadurch in die Hände von Scharlatanen treibt. Diese haben erkannt, dass sie, wenn sie an nebulöse Faktoren wie die Aktivierung von Selbstheilungskräften und Selbstbestimmung appellieren, erfolgreich Kundschaft akquirieren können. Sie vermitteln dem Patienten, dass er wieder die Kontrolle über seinen Körper erlangen kann. Da diese „Behandlungen" meist aufwendig und teuer sind, gelingt es diesen Heilern umso leichter, dem Kranken Selbstkontrolle vorzugaukeln.

Dass Glück nicht gleich Glück ist und es entscheidend auf unseren eigenen Einsatz ankommt, sehen wir auch am Beispiel eines Geldgewinns: Plötzlicher Reichtum, ohne etwas dafür tun zu müssen, verspricht auf den ersten Blick immerwährendes Glück. Dieser Illusion hängen alle Spieler nach und befeuern damit die Glücksspielindustrie. Dass dem jedoch keineswegs immer so ist, wurde durch verschiedene Untersuchungen mehrfach bewiesen. Ein Lottogewinn macht nur glücklich, wenn der Gewinner anschließend auch mit dem Reichtum umgehen kann, also sein Geld mittels Anlage zu kontrollieren vermag. Hier ist es so, dass zwar das Glück durch ein Geschenk initiiert wird, es aber weiter zu bewahren, muss durch eigenen Einsatz „erarbeitet" werden. Das bedeutet für den Gewinner, dass die Angst, sein Vermögen wieder zu verlieren, nur durch eigene Initiative ständig kontrolliert werden muss, und das ist mit Aufwand und Arbeit verbunden. Kurzfristiger Reichtum schützt nämlich langfristig nicht vor der Angst vor Verarmung. Wenn junge Erwachsene, die besonders wohlhabend aufgewachsen sind, zum ersten Mal selbst für sich verantwortlich sind, zeigt sich oft, dass der Glücksauslöser nicht Geld an sich, sondern selbst erarbeitetes Geld ist, und dass es wichtig ist, die Kontrolle für sein eigenes Fortkommen in die Hand zu nehmen. Es kommt also auch auf die Art des Gelderwerbs an, damit dieser Glück hervorruft. Jeder Kampf und Einsatz, der erfolgreich ist, wird durch die Ausschüttung von Glückshormonen belohnt.

Der Glücksauslöser ist also kein Objekt wie Geld oder materielle Werte, sondern der Weg dorthin. Wofür wir kämpfen, uns einsetzen, Hindernisse überwinden müssen, macht uns zufrieden. Wenn ich morgens unwillig aufstehe, weil ich mit dem Hund Gassi gehen muss, werde ich bei der Rückkehr mit mir zufrieden sein, während mir diese Befriedigung beim Delegieren dieser Tätigkeit nicht zuteilwerden kann. In beiden Fällen geschieht das Spazierengehen aus Besorgnis um das Wohlbefinden des Hundes und damit er die Wohnung nicht verschmutzt. Es müsste also egal sein, wer diese Tätigkeit verrichtet, um dasselbe Ausmaß an Befriedigung über die Hundebetreuung zu empfinden, trotzdem bin ich zufriedener mit mir, wenn ich das selbst erledigt habe. Auf die eine oder andere Art löst die schrittweise persönliche Überwindung von Angst also immer Glück aus. Das geschieht in mehreren Etappen: Start – Weg – Ziel in Sicht – Sieg.

Start: Zu Beginn einer Unternehmung oder Aufgabe entstehen leichte Bedenken, ob man es schaffen wird, das ist noch mit einem **niedrigen Angstlevel** verbunden.

Weg: Im Rahmen der Erfüllung des Vorhabens kommt es immer wieder zu Rückschlägen, die einen **wechselnden Angstlevel** hervorrufen, große Zufriedenheit wechselt sich mit Sorge ab.

Ziel in Sicht: Sobald die Aussicht auf Erfolg real ist, steigt auch die Angst vor dem Nicht-Gelingen des Zielspurts, damit steigt der **Angstlevel sehr hoch.**

Sieg: Hat man das Ziel erreicht und die Herausforderung erfolgreich absolviert, stellt sich ein **Glücksgefühl** ein.

Die persönliche Überwindung der Angst – 1.: Start

Die Angst vor dem Start eines Projektes, eines Vorhabens möchte ich als „Wohlfühlangst“ bezeichnen. Es handelt sich dabei noch um einen Zustand der Ungewissheit, es ist mehr ein aufregendes Prickeln als eine reale Furcht, denn die Möglichkeit zur Umkehr ist noch gegeben. Das geplante Unternehmen ist noch eine Idee. Da sind zwar schon der innere Drang und die Angst vor dem Versagen im Hinterkopf, aber man kann sich immer noch gegen die Ausführung entscheiden. Es ist das

Stadium des Abwägens, es besteht noch die Möglichkeit, das Vorhaben zu verwerfen.

Herr Ya. ist übergewichtig und hat einen erhöhten Blutzuckerspiegel. Sein Hausarzt führt ihm seine weiteren gesundheitlichen Prognosen drastisch vor Augen. Sport und Diät sind also angesagt. Da Herr Ya. bis auf seine Schwäche für Süßes ein sehr zielstrebiger Mensch ist und sich nicht gerne mit halbherzigen Zielen zufriedengibt, beschließt er: „Wenn schon, denn schon!“ und plant sofort einen Marathonlauf, zumindest einen halben. Was er sich so locker vornimmt, stellt sich in der Durchführung schon zu Beginn seines Trainings als gar nicht so leicht heraus. Er studiert Literatur, informiert sich über die besten Laufschuhe und vereinbart einen Termin mit einem Sportarzt, da ihm doch ein wenig mulmig ist, ob er sich nicht schon beim Training übernimmt. „Dr. Google“ gibt zusätzlich noch beunruhigende Tipps, was beim Laufen mit einem schwachen Herz passieren könnte. Schon die Vorstellung eines Belastungs-EKGs bereitet ihm eine schlaflose Nacht des „Was, wenn ...?“ Er erwägt, den geplanten Lauf zu canceln und sich stattdessen mit einem Diätprogramm zu begnügen, um sein Gewicht in den Griff zu bekommen.

Herrn Ya. hat Sorge, seine Möglichkeiten zu überschätzen, er leidet sozusagen an der Furcht vor der eigenen größenwahnsinnigen Idee, denn er hat noch keine Erfahrungswerte, ob er die Aufgabe auch bewältigen kann und welche Hindernisse er zu überwinden hat. Er befindet sich wegen der nicht vorhandenen, weil niemals erlernten Kontrolle im Stadium der Unsicherheit. Alles ist noch fremd, die Handhabung der Aufgabe ungewiss. In dieser Phase werden Vorsätze oft wieder verworfen, denn die Angst vor dem Versagen und auch der Anstrengung lässt einen oft das Hintertürchen der Flucht vor der eigenen Courage nützen. In diesem Abschnitt der Aufgabenbewältigung kann es deshalb hilfreich sein, den Rat eines Experten in Anspruch zu nehmen, die Kontrolle also vorläufig an eine kompetente Instanz zu übergeben. Genau das macht Herr Ya., indem er einen Sportarzt zu Rate zieht, denn durch einen positiven Herzbefund würde sich zumindest seine Angst vor den körperlichen Folgen reduzieren.

Dieses Miteinbeziehen eines Experten geschieht zum Beispiel auch oft bei der Unternehmensgründung oder dem Beginn einer neuen Ausbildung, selbst bei der Entscheidung, zu heiraten – Coaches, Unternehmens- oder auch Beziehungsberater haben Hochkonjunktur. Immer geht es dabei darum, die Furcht vor der Zukunft mithilfe der Absicherung durch Kontrollinstanzen zu reduzieren. Man wendet sich an jene, die sich mit dem Thema auskennen, einen unterstützen, die eigene Hilflosigkeit und damit die Angst vor dem Ungewissen zu verringern. Je beruhigender die Berater ihre Kompetenz durch eine profunde, anerkannte Ausbildung und Erfahrung vermitteln können, desto sicherer wird sich der Klient fühlen und desto eher wird dieser sein Vorhaben auch durchziehen. So wie Herr Ya.

> Herr Ya. sucht den Sportarzt trotz seiner Angst davor auf, weil er schon einen Termin vereinbart hat und außerdem, beruhigt er sich, kann es nicht schaden, zu wissen, wie belastbar sein Herz ist. Tatsächlich fürchtet er sich aber gleich auf mehrfache Weise vor dem Ergebnis der Untersuchung. Stellt sich heraus, dass sein Herz schwach ist, dann kommt die Angst vor einem Herzinfarkt hinzu, funktioniert es gut, dann hat er keine Ausrede mehr, nicht zu trainieren.

Immerhin bedeutet die Untersuchung ja noch nicht, dass er eine definitive Entscheidung zum Absolvieren des Marathons getroffen hätte. Mit diesem Trost kann er seine Versagensängste noch gut in Schach halten. Der Arzt stellt fest, dass sein Herz gesund ist und er mit einem ausgefeilten Trainingsplan in einem Jahr einen Marathon laufen kann.

Man würde vermuten, dass Herr Ya. über diesen Befund glücklich ist. Das Gegenteil ist jedoch der Fall: Er hat jetzt schlaflose Nächte, denn die Ausrede mit dem schwachen Herz ist hinfällig. Wie würde er vor sich dastehen, wenn er aufgibt, noch bevor er zu trainieren begonnen hat? Für ihn beginnt nun also der Weg zum Ziel, mit all seinen Aufs und Abs, mit Hoffnung und Versagensangst. Ein Ausstieg kommt für ihn nicht mehr infrage, denn der erste Schritt ist getan. Er ist am Weg. Umkehren? – Eine Niederlage. Wieder braucht es Kontrolle, die er selbst aus Mangel an Erfahrung nicht leisten kann.

Die persönliche Überwindung der Angst – 2.: Weg

Man hat sich ein Ziel vorgenommen, möglicherweise naiv ob der Herausforderung. Die Versagensangst hat man zur Seite schieben können, solange man die Hindernisse am Weg zum Ziel nicht kannte. Man kann schnell mal etwas planen, aber dazu sollte man auch wissen, was auf einen zukommt. Es ist egal, ob man eine Firma gründet, eine Prüfung absolviert, ein Kind bekommt oder, wie Herr Ya., einen Marathonlauf plant. Wir bekommen es mit der Angst zu tun, wenn wir keine Erfahrung bezüglich der weiteren Vorgehensweise haben. So wie der Unternehmensgründer nicht vorhersehen kann, ob er genug Kunden haben wird, ob sein Startkapital reicht, ob es mit der Produktion seines Produktes klappen wird, so weiß Herr Ya. nicht, wie er sein Training angehen soll. Reicht es, sich einfach die Laufschuhe anzuziehen und loszurennen? Oder erfordert so ein Unterfangen ein Konzept und die Kontrolle über die Strategie?

Jede Beratungsbranche, ob für die Firmengründung, sportliche Ziele, selbst für das Eingehen einer Partnerschaft oder die Erziehung der Kinder, lebt vom Kontrollbedürfnis des Klienten. Wenn ich selbst nicht mehr weiterweiß, dann konsultiere ich einen oder mehrere Experten. Das verspricht mir eine gewisse Kontrolle über mein Unterfangen. Die Gesellschaft hat sich von der Beratungsgilde sogar so abhängig gemacht, dass es einige dieser Branchen, so wie etwa Wirtschaftstreuhänder oder Notare, geschafft haben, zur Aufsichtspflicht gesetzlich verankert zu werden. Unentbehrlich werden viele dieser Berufsgruppen aber, weil ihre verunsicherten Klienten dem eigenen Verstand nicht mehr ausreichend vertrauen. Ob es nun ein Fußballtrainer oder ein Firmenberater ist, der Experte wird für eine Arbeit bezahlt, die der Kunde trotzdem selbst machen muss. Die Berater profitieren schlicht von der Versagensangst ihrer Klienten. Das bedeutet aber nicht, dass es nicht ratsam ist, im Falle eigener Unerfahrenheit Menschen, die über fachliches Wissen verfügen, hinzuzuziehen. Denn ihre fachliche Expertise bewirkt auch eine Angstreduktion des Klienten, weil er die Kontrollfunktion zumindest partiell delegieren kann.

Herr Ya. ist schon nach seinem ersten schnelleren Spaziergang frustriert. Sein Fazit: In diesem Tempo wird er erst nach fünf Stunden, wenn er nicht sowieso vorher zusammenbricht, im Ziel sein. So schlecht hat er sich seine Kondition nicht vorgestellt. Sein Optimismus wird auch nicht durch den Kauf von weiteren Laufbüchern erhöht, denn diese Bücher wenden sich an Menschen, die nicht so wie er bei null anfangen. Bald wird ihm klar: Wenn er ins Ziel kommen möchte, muss er sich einen Trainer suchen. Im Fitnessstudio, in dem er Mitglied wird, finden sich ein Laufexperte, ein Ernährungscoach und ein Mentaltrainer, die versprechen, ihn am Weg zu seinem Triumph zu begleiten. Für Herrn Ya. ist es eine große Erleichterung, die Verantwortung für seinen Körper und vor allem seine Psyche in ihre Hände zu legen. Er bekommt eine ausführliche Liste mit Handlungsanweisungen, in der selbst seine Mahlzeiten genau aufgelistet sind. Seine Freizeit ist nun mit Workouts und Joggen ausgefüllt, so kommt er gar nicht auf die Idee, sich ein Bier zu gönnen, einen Burger oder einen Schokoriegel zu verspeisen. Durch den strengen Trainingsplan reduziert sich seine Angst vor dem Versagen, erstaunlicherweise ist es sogar so, dass je strapaziöser und – von außen betrachtet – unangenehmer sein Leben verläuft, desto weniger gestresst und verängstigt er sich fühlt. Er ist optimistisch, das Ziel in einer akzeptablen Zeit zu erreichen.

Wie bereits in Kapitel 1 erläutert, geht es immer darum, wie wohl sich unsere Neurotransmitter fühlen. Sie lieben alles, was anstrengend und mit Entbehrungen verbunden ist. Der Serotoninspiegel jubelt, wenn wir erschöpft sind, und das Noradrenalin tanzt, wenn wir alles unter strenger Kontrolle haben. Nicht umsonst hat Kneipp Furore mit einer Therapie gemacht, die objektiv betrachtet sehr unangenehm ist: Kältebäder und ein strenger Tagesplan mit frühem Aufstehen und zeitigem Ins-Bett-Gehen sollen glücklich machen. Und tatsächlich tun sie das. Je mehr wir uns anstrengen, desto mehr Kontrolle über unsere Ängste gewinnen wir. Evolutionsbiologisch gesehen ist das ein sehr vernünftiges Prinzip, denn es verbessert das Überleben einer Population. Müßiggang und Laster bescheren dem Menschen dagegen „unglückliche“ Neurotransmitter, denn durch ein Zuviel an Reizen, die nicht durch motorischen Ausgleich kompensiert werden, geraten sie in Dysbalance.

Herr Ya. ist also auf dem richtigen Weg. Er hat den Eindruck, dass er sich im Griff hat, und kann durch die permanente Überwachung des Körpers seine Versagensängste in Schach halten. Die Bestätigung für sein erfolgreiches Monitoring kann er auf der Waage und am Geschwindigkeitsmesser ablesen. Der tägliche Erfolgsbericht ist eine kleine Kostprobe des Glücksgefühls, das er im Ziel empfinden wird. Was er dabei erlebt, zeigt uns, wie Freude entsteht. Natürlich hängt die auch wieder von unseren Neurotransmittern ab. Nach einer Anstrengung steigt der Endorphinspiegel, der uns glücklich macht. Dieser Vorgang kann süchtig machen, wenn auch meist im positiven Sinne. Fitnessstudios, Skiliftbetreiber, Fußballklubs, ja alle Sportanbieter leben von Menschen, die das befriedigende Gefühl der körperlichen Erschöpfung immer wieder genießen wollen. Aber nicht nur körperliche Erschöpfung löst dieses Glücksgefühl aus, auch jede Überwindung von Angst steigert den Endorphinspiegel. Es kommt gleichermaßen zu so einer Hochstimmung, wenn man sich vor irgendeiner Prüfung fürchtet, sich trotzdem der Herausforderung stellt und diese dann auch noch meistert. Die Evolution hat uns und damit unsere Gehirne auf die bestmögliche Überwindung von Angst zurechtgemendelt. Je schlimmer der Kampf gegen sich selbst, desto größer ist das Endorphinzuckerl als Belohnung. Es ist ein kaum zu toppendes Gefühl, wenn man eigenständig die Kontrolle über eine gefürchtete Lebenslage schafft.

Doch nicht nur das körperliche Training beschäftigt Herrn Ya., auch die Recherchen zur richtigen Ausrüstung nehmen viel Zeit in Anspruch. Vor allem das ausufernde Angebot an Laufkleidung erschwert ihm die Entscheidung, was davon er erwerben soll. Auf Rat seines Coaches deckt er sich mit der besten Funktionskleidung ein, hört aber dann doch auf sein persönliches Empfinden und spult in einfache Baumwolle gehüllt seine Trainingskilometer ab.

Immer weniger Menschen trauen sich zu, ihre Angst vor einer Aufgabe durch eigene Lösungsmodelle zu überwinden. Verunsichert durch bezahlte Meinungsmacher – Influencer sind die neuen Stars –, schaffen es nur mehr wenige Menschen, gegen den Mainstream selbst zu entscheiden, auf welche Art sie einem Problem oder einer Herausforderung begegnen wollen. Ist das Vertrauen in das eigene Wissen und in die eigene Intuition verschwunden? Haben uns Sozialstaat und Werbung jegliche Eigenständigkeit aberzogen? Wer traut sich noch, ohne Einholung einer oder gar mehrerer Expertisen irgendetwas zu kaufen, zu gründen, zu tun? Geschürt wird damit nur die Angst vor Kontrollverlust, indem man den Leuten suggeriert, dass sie ohnehin falsch liegen, wenn sie eine eigene Entscheidung treffen. Und je größer diese Angst vor der eigenen Fehlentscheidung ist, desto öfter muss man einen Entscheidungsvertreter bezahlen.

Ob es sich nun um Herrn Ya.s Delegieren der Verantwortung für den Erfolg seines Trainings handelt oder um die Abgabe der persönlichen Kontrolle an den Staat oder einen „Experten“, macht für unser Gehirn keinen Unterschied. Man fühlt sich einer Aufgabe nicht gewachsen und hat deshalb Angst davor. Darum ist es nachvollziehbar, dass man diese Furcht reduzieren möchte. Wodurch die Befürchtung, es nicht zu schaffen, ausgelöst wird, spielt dabei keine Rolle. Es kann wie bei Herrn Ya. der Zweifel an der körperlichen Fähigkeit, es kann ein Mangel an Vertrauen in das eigene Wissen, in die soziale Kompetenz, auch in andere Menschen sein. Jeder Mensch fürchtet sich vor etwas anderem. Selbst der fitteste Sportler hat womöglich Bedenken, sich den Gefahren beim Bergsteigen auszusetzen, während der Bezwinger eines Dreitausenders vielleicht Angst vor dem Schwimmen im Meer hat. Genauso kann es sein, dass ein brillanter Wissenschaftler furchtlos riskante Forschungstheorien publiziert, aber angesichts einer banalen Rede anlässlich eines Festakts Panikattacken bekommt.

Die Physiologie der Angst gehorcht biologischen Gesetzen, aber der Auslöser wird vor allem durch das sozial Erlernte bestimmt. Entweder, die Angst entspringt der Unsicherheit angesichts einer unbekannten Situation, oder man sieht sich mit einer Herausforderung konfrontiert, an der man schon einmal gescheitert ist. In beiden Fällen verstärkt die Fantasie über das Versagen das Ausmaß der Furcht. In der Vorstellung entstehen Katastrophengebirge, die nahezu unbezwingbar sind.

Obwohl Herr Ya. seinen Trainingsplan einhält, ist er immer wieder mit herben Rückschlägen konfrontiert. Das rechte Knie schmerzt, und vor dem Tag, an dem sein Trainingsplan den Long Jog vorschreibt, hat er aus Angst Probleme beim Einschlafen. Das verschlimmert seine Phobie vor der langen Strecke noch mehr, da er bei diesem Trainingsabschnitt besonders fit sein möchte. Er kann sich schon lange nicht mehr einreden, dass dieser Marathon ja kein Muss ist.
Am nächsten Tag kann er kaum frühstücken, da sein Magen aus Nervosität rebelliert. Er trinkt wie vorgeschrieben seine Elektrolytmischung, von der ihm noch übler wird, und wirft sich auf das Schlachtfeld,

die 15 Kilometer lange Strecke. Er fühlt sich wie im Krieg. Der Feind ist der Kilometer- und Minutenzähler. Die ersten drei Kilometer spult er noch ohne Schmerzen und Erschöpfung ab, dann wird es aber immer zäher. Doch auf halbem Weg trifft er zufällig eine Kollegin aus der Firma. Sie kennen sich zwar nur flüchtig, aber begrüßen sich beschwingt. Auch die Kollegin ist erfreut, Gesellschaft zu haben, und sie laufen gemeinsam bis ans Ziel. Herr Ya. hat zwar noch immer Knieschmerzen, aber sie stören ihn nicht mehr. Die 15 Kilometer schafft er problemlos.

Sigmund Freud hätte Herrn Ya. wohl ein starkes Über-Ich zugestanden. Beim freudschen Über-Ich handelt es sich ja auch nur um Selbstkontrolle, die das Es, also alle unkontrollierbaren Gefühle wie eben auch die Angst, beherrschen soll. Das Über-Ich tut sich aber manchmal schwer, das Es in den Griff zu bekommen. In diesem Fall hat die Realität die Angstfantasie eingeholt.

Die persönliche Überwindung der Angst – 3.: Ziel in Sicht

Dann ist es so weit. Herr Ya. hat seine Trainingsziele erreicht. Er hat sich für den Halbmarathon in Wien angemeldet. In den acht Monaten seiner Vorbereitung ist er 1300 Kilometer gelaufen und hat 22 Kilo abgenommen. Er ist topfit und sehr ausgeglichen. Trotzdem kann er in der Nacht vor dem Wettkampf kaum schlafen. In seinem Kopf kreisen die schlimmsten Fantasien. Er hat Angst zu kollabieren, zu stolpern, vor Knieschmerzen zu Boden zu gehen, und viele andere Katastrophenvorstellungen. Auch wenn er sich immer wieder sagt, dass er die 21 Kilometer ja schon mehrmals geschafft hat, so lindert das seine Aufregung nicht. Die Schlaflosigkeit verstärkt seine Angst, da er doch fit sein möchte. Als er um 04:00 Uhr morgens gerädert das Bett verlässt, ist er nahe dran, alles hinzuwerfen und den Lauf auf einen späteren Termin zu verlegen.

Was Herrn Ya. in dieser Nacht nicht schlafen lässt, ist sein limbisches System, das ihn in Panik versetzt und an sich selbst zweifeln lässt. Er ist mit einer ihm unbekannten Situation konfrontiert, er hat noch nicht gelernt, mit ihr fertigzuwerden. Das Unbekannte macht Angst, auch wenn man sich noch so gut darauf vorbereitet und die Erfahrung von Experten „zugekauft" hat. In diesem Stadium scheitern viele Menschen, da es keine Abzweigung aus dem Vorhaben gibt. Wenn das Ziel in Sicht ist, kann man nur weiter darauf zugehen – oder umkehren. Es besteht die Möglichkeit, dass man das eigene Scheitern akzeptieren muss. Auch das Versagen bedarf einer Strategie der Kontrolle. Es ist dabei hilfreich, sich vorzustellen, was geschieht, wenn man das Ziel nicht erreicht.

Nach dem Aufstehen sagt sich Herr Ya., dass er wenigstens die Vorbereitungen für den Lauf bewerkstelligen kann. Er richtet sich seine Müsliriegel, seine Getränke und kleidet sich an. Dann zwingt er sich, doch ein wenig zu frühstücken, obwohl ihm übel ist. Er beschließt, zumindest beim Start dabei zu sein, allein schon wegen des investierten Startgeldes.

Wie wir auch bei Herrn Ya. sehen, helfen banale Alltagshandlungen, die Angst zu beherrschen, da dadurch im Gehirn der Präfrontallappen aktiviert wird. Jede Ablenkung von der unkontrollierbaren Aufwallung des limbischen Systems tut gut. Wenn wir uns bewegen – und sei es nur das Einsetzen der Hände, um einen Rucksack zu packen –, lenken wir unsere Konzentration auf eine geplante Tätigkeit. Für Panik braucht es Muße, das heißt, der Fokus des Denkens muss auf den Angstauslöser gerichtet sein. Deshalb ist es hilfreich, die Gedanken auf einen anderen Schwerpunkt zu richten.

> Herr Ya. steigt wie ferngesteuert in die U-Bahn, um sich zum Start zu begeben. Sein vegetatives Nervensystem spielt verrückt. Er muss auf die Toilette, sein Atem geht kurz und seine Herzfrequenz ist so hoch, als hätte er die 21 Kilometer schon hinter sich gebracht. Am Start gerät er noch mal in Panik, da die Toiletten alle von Menschen okkupiert werden, die so wie er ebenfalls an Durchfall leiden. Das Gewusel und das Durcheinander von vielen Menschen lenkt ihn aber davon ab, noch einmal dem Gedanken ans Aufgeben nachzuhängen. Und dann ertönt das Startsignal, Herr Ya. trabt im Pulk mit Tausenden anderen Läufern los.

Würde man Herrn Ya.s Stresshormone beim Start messen, würde man wohl einen exorbitant hohen Wert feststellen. Sein Körper ist auf Alarmstufe rot programmiert – und kann genau deshalb die bestmögliche Leistung erbringen. Herr Ya. macht genau das, wofür dieser Alarmzustand biologisch geplant ist, nämlich davonlaufen, und das möglichst schnell. Dieses Wunder unserer Physiologie kann man gar nicht genug wertschätzen.

Die persönliche Überwindung der Angst – 4.: Ziel

Schon nach ein paar Schritten legt sich bei Herrn Ya. die extreme Anspannung. Diese Gelassenheit hält auch dann noch an, als er zwar registriert, dass ihm die Beine wehtun, er diesem Schmerz aber keine Bedeutung mehr beimisst. Sein Kopf wird leer und er trottet weiter, ohne nachzudenken. Die Möglichkeit, aufzugeben, ist genauso weit weg wie das Ziel.
Nach beinahe 21 Kilometern ist in der Ferne schon der Zielbogen auszumachen, durch den er bald laufen wird. Dann quert er die Ziellinie, jemand hängt ihm eine Medaille um den Hals und die Endorphine versetzen ihn in einen Zustand der Euphorie.

Auch wenn wir keinen Marathon planen, begegnen uns täglich Ziele und damit auch Hindernisse, die uns Angst machen. Die zu überwinden, lohnt sich und belohnt uns zumindest mit einem Gefühl der Befriedigung, zumeist aber sogar mit einem des Glücks.

Glück passiert also durch die (persönliche) Überwindung von Angst!

Kapitel 6 – Interne und externe Kontrolle

Der Begriff Panik stammt aus etymologischer Sicht von Pan, dem griechischen Hirtengott. Der war dafür bekannt, Panik unter den weidenden Lämmern zu verbreiten, wenn er zur Mittagsstunde gestört wurde. Die Tiere, so die Legende, sollen durch einen lauten Schrei des Pan verängstigt in alle Richtungen geflohen sein und die Hirten somit die Kontrolle über ihre Herde verloren haben. Angst war auch bei den griechischen Philosophieschulen von Stoa bis Epikur ein Thema. Auch sie empfehlen die Ratio, also Vernunft, Einsicht und Erkenntnis – man könnte auch sagen: Kontrolle – zur Bewältigung von Angst. Die physiologischen Vorgänge im Gehirn wurden schon in den vorigen Kapiteln erörtert, aber was spielt sich gedanklich dabei ab? Wie baut sich die Angstpyramide auf? Was braucht es, damit Angst entsteht?

Egal, um welche Ursachen es sich handelt, ob pathologisch oder berechtigt, ob kurzfristig oder lebenslang, Angst entsteht immer aus einem tatsächlichen oder vermuteten Verlust der Kontrolle über das eigene Leben. Sobald sich beim Kind ein Bewusstsein für das „Ich“ entwickelt hat, ist der Mensch darauf bedacht, dieses Ich zu schützen. Das macht er, indem er sich Strategien ausdenkt, um reale oder fiktive Gefahren abzuwenden. Genau diese Strategien bedingen im günstigen Fall eine gesellschaftliche, wissenschaftliche, persönliche Weiterentwicklung, im ungünstigen Fall die persönliche oder auch zivilisatorische Zerstörung. Angst kann also alles.

Ob die Art der Angstbewältigung dazu führt, dass sich jemand persönlich oder gemeinschaftlich weiterentwickelt, hängt von der intelligenten Kontrolle ab. Jugendliche haben zum Beispiel oft Probleme mit ihrem Selbstwert. Ihre Akzeptanz des Ich ist noch nicht gereift. Sie hadern mit ihrem Aussehen, ihrer Intelligenz, mit ihrem Wert im Allgemeinen. Deshalb orientieren sie sich sehr stark an der Beurteilung durch ihre Gruppe. Bevor sie sich selbst ein Bild von ihren Schwächen und Qualitäten machen, vertrauen sie auf die Meinung von anderen. Sie versuchen, sich so darzustellen, wie sie es aus „hippen" Medien, allen voran den Social-Media-Kanälen, kennen. Das bedeutet für sie natürlich sehr viel Stress im Kontakt mit der Peergruppe, denn man muss sich ja immer verdrehen, um diesem Bild zu entsprechen. Nicht umsonst dient im Leben von Jugendlichen das andauernde Posten von Selfies, die meist auch noch digital nachbearbeitet werden, der Selbstdarstellung. Dadurch wird der tatsächliche Kontakt mit Bekannten und Freunden sehr mühsam, denn das gepostete Bild muss ja mit der Realität abgeglichen werden. Es gilt also angebliche Mängel ständig zu verbergen. Mit dem Ziel, ein Like zu bekommen, muss das Eigenbild dem vermeintlich cooleren Werbebild angepasst werden. Somit legt der Jugendliche – in der Hoffnung auf ein positives Feedback – das Urteil und die Kontrolle über sein Erscheinungsbild in fremde Hände. Seiner persönlichen Meinung mag und kann er noch nicht vertrauen, denn dazu braucht es ein erwachsenes, schon gefestigtes Ich.

Was bei Pubertierenden zum normalen Entwicklungsprozess gehört, zieht sich aber auch in die Erwachsenenwelt weiter und gereicht dort langfristig zum Nachteil. Junge Erwachsene werden zum Opfer der sozialen Netzwerke und deren Missbrauch, wenn sie aus Unsicherheit die Kontrolle über ihre Persönlichkeit delegieren. Deshalb bedarf es für die Entwicklung eines Kindes der Kontrolle durch Erwachsene. Sie können und sollen bei den Jugendlichen Talente fördern und missliebiges Verhalten hintanhalten.

> Za. ist 14 Jahre alt und ein Junge mit Migrationshintergrund. Er weiß nicht, wohin er kulturell gehört, ist kein guter Schüler und handelt sich ständig Schwierigkeiten ein, da er sich oft – berechtigt oder nicht – angegriffen fühlt. Schon wenn ihn jemand „blöd" anschaut, tendiert er dazu, auszuflippen und tätlich zu werden. Seine Aggressionskontrolle klappt also nicht, deshalb wird ihm ein Betreuer zur Seite gestellt. Der hat die Idee, Za. mit einem Trainer des American Football Club zusammenzubringen. Za. befindet den Coach zwar vorerst für doof, kann sich aber durch die Härte des Sports, die ihm gefällt, bald auch für den Betreuer begeistern. Durch den engagierten Trainer und die strengen Regeln dieses Spiels lernt er, sich selbst besser zu kontrollieren und durch seine Erfolgserlebnisse im Sport seine Angst und Unsicherheit in den Griff zu bekommen.

Das Beispiel von Za. zeigt einen intelligenten Umgang mit Angstbewältigung. Hätte der Teenager dieses Ventil nicht gefunden, wäre es durchaus auch möglich gewesen, dass er weiter den Weg der körperlichen Aggression beschritten hätte; es gibt viele solcher Fälle. Denn sowohl der Kampf im Footballclub als auch der Kampf auf der Straße beruhen auf dem Prinzip des Angstabbaus durch Kontrolle mittels Körperkraft. Der Unterschied liegt in den Regeln der Steuerung. Im Spiel oder Sport wird der Einsatz der Kraft durch ein Reglement kontrolliert, während er auf der Straße instinktiv und ohne Plan passiert.

Wie wir mit unseren Ängsten umgehen und sie beherrschen, müssen wir also erst erlernen. Wenn Jugendliche nicht die Möglichkeit haben, an einem Vorbild als Modell zu lernen, werden sie als Erwachsene oft Opfer der manipulierenden Kontrolleure von außen.

Jeder Mensch will geliebt werden. Diese Liebe bedeutet nicht unbedingt Kuscheln oder jede andere Form körperlicher Zuwendung, sondern Anerkennung und Zuspruch. Auch Za. strebt nach dieser Art von Liebe. Auch fehlgeleitet durch ein falsches Männerbild, versucht er, sich durch Aggressivität Respekt zu verschaffen. Eigentlich macht er nur, was ihm in der Vergangenheit in vielen Kulturen Anerkennung und Bewunderung eingebracht hätte. Vor Hunderten Jahren wäre seine Vorstellung vom starken Mann gerechtfertigt gewesen, um im Kampf ums Überleben seine Sippe zu beschützen. Doch dieses Männerbild ist in der westlichen Gesellschaft – zum Glück – nicht mehr zeitgemäß. Auf Za.s unangepasstes Verhalten reagiert seine Umgebung deshalb mit Ablehnung, eine Reaktion, die aber seine Versagensängste bestätigt und festigt. Erst als er durch ein Vorbild lernt, wie er seine Kraft sinnvoll einsetzen kann, gelingt es ihm, die Kontrolle über seine Minderwertigkeitsängste zu erlangen.

Es ist wichtig, zur Bewältigung unserer Furcht adäquate Kontrollmechanismen zu erlernen. Ein bedeutsamer Aspekt im Umgang mit unseren Ängsten ist aber auch, zu akzeptieren, dass wir auf die Reaktion unseres Gegenübers nicht immer Einfluss haben. Aber wie schafft man es, mit Zurückweisung, fehlender Akzeptanz oder Liebe umzugehen? Wie kann ich verhindern, dass ich Ablehnung von außen als Abwertung deute?

Im Umgang der Menschen untereinander gibt es einen eigenen Anteil, den jeder kontrollieren kann, aber auch einen Teil, der außerhalb der persönlichen Einflusssphäre liegt. Ich muss also lernen, meine Möglichkeiten der Beeinflussung im sozialen Kontakt zu deuten. Ich kann sehr wohl meine eigene Stimmung kontrollieren, aber bei meinem Gegenüber gelingt mir das nicht. Es ist wichtig, diese Tatsache im Auge zu behalten, denn sonst beziehe ich Stimmungen von anderen, die wahrscheinlich gar nichts mit mir zu tun haben, auf mich. Wenn ich die schlechte Laune meines Partners immer auf ein Fehlverhalten meinerseits zurückführe, wird es mir schwerfallen, zu glauben, dass ich als Wesen liebenswert, kompetent und achtungswürdig bin.

Intelligente Kontrolle – persönlich und staatlich

Die Entwicklung der Menschheit ist ein Produkt unseres Bedürfnisses, unsere Ängste in den Griff zu bekommen. Der präfrontale Kortex lässt sich dazu allerhand einfallen. Ich würde seine Outputs als intelligente Lösungen bezeichnen. Denn ohne dass es uns bewusst ist, handeln wir ständig in Hinblick auf Angstvermeidung: Wir putzen die Zähne aus Angst vor Karies, wir schauen auf die Uhr aus Angst, zu spät zu kommen, wir setzen ein freundliches Lächeln auf aus Angst, unsympathisch zu wirken, wir säubern die Küche aus Angst, eine Magenverstimmung durch Bakterien zu bekommen, wir schicken unsere Kinder in die Schule aus Angst, dass sie sich als Erwachsene später nicht ernähren können. Das heißt, bei genauer Betrachtung besteht unser Alltag aus intelligenten Angstvermeidungsstrategien. Aber auch lustvolle Beschäftigungen unterliegen einer intelligenten Aufsicht. Wir benützen Verhütungmittel aus Angst vor einer

Schwangerschaft, wir verordnen uns eine Alkoholbeschränkung aus Angst vor einer Fahrzeugkontrolle, wir reduzieren unsere Zuckerzufuhr aus Angst vor einer Gewichtszunahme.

Klarerweise gelingt uns die intelligente Kontrolle aber nicht immer. Auch da kann es zu einem Überhang der Impulse aus den tiefen Arealen unseres Gehirns kommen, denn unsere Reaktionen entstehen, siehe dazu auch Kapitel 1, einerseits durch die Affekte, die ihren Ursprung vor allem in den Mandelkernen haben, und andererseits die Kontrolle über sie durch den präfrontalen Kortex. Die intelligente Kontrolle ist also einer stetigen Rivalität mit unseren ungesteuerten Impulsen ausgesetzt. Um sich der Vorteile dieser rationalen Aufsicht über uns selbst bewusst zu werden, lohnt es sich, sich einmal eine Stunde ohne diese „Überwachung“ vorzustellen: Anstatt beim Verlassen der Wohnung die Tür zu schließen, lassen wir diese weit offen, am Weg zur Arbeit benützen wir nicht den Fußweg, sondern gehen mitten auf der Straße, wir queren die nächste Kreuzung, ohne auf die Ampel zu achten, und weichen auch keinem nun hupenden Auto aus. Wir würden wahrscheinlich keine ganze Stunde heil überstehen, denn wir werden bei unserer persönlichen Kontrolle auch durch die intelligente gesellschaftliche Überwachung unterstützt. Eine Ampel, ein Gehsteig, eine Hupe – Erfindungen, die der allgemeinen Angstprophylaxe dienen. Da sich individuelle Ängste innerhalb einer Gesellschaft oder Gruppe sehr oft decken, hat sich jedes soziale System Strategien ausgedacht, diese zu reduzieren. Dabei handelt es sich um akzeptierte Regeln, da eben die Mehrheit der Bevölkerung ähnliche Befürchtungen hegt. Gesetze sind also auch Instrumente der gesellschaftlichen Angstkontrolle.

Wenn man die Geschichte der Gesetzgebung Revue passieren lässt, stellt man fest, dass in die Perfektionierung von gesellschaftlichen Vorgaben und Regeln und die Anpassung daran unheimlich viel Kreativität und Energie investiert wurde. Gesetze werden durch alle gesellschaftlichen Bedürfnisse beeinflusst, decken alle Aspekte des Zusammenlebens ab und geben einen tiefen Einblick ins soziale Zusammenleben. Ein Gesetz in einer Diktatur, das einen Zwang legitimiert, wird anders ausschauen als eine Verordnung in einer Demokratie, auch wenn es sich um eine ähnliche Thematik handelt. Die Folgen einer Gesetzgebung sind dabei für den Einzelnen vorab nicht vollständig vorhersehbar. Ob ein Gesetz also den erwünschten Erfolg bringt, zeigt sich erst im Rahmen einer Evaluierung nach einer geraumen Zeit. So wird man zum Beispiel erst in einigen Jahren beurteilen können, wie sich die strengen Regelungen der No-Covid-Politik in China auf die Todesrate und die sozialen und wirtschaftlichen Folgen ausgewirkt haben.

Gesetze dienen der Beruhigung der Bevölkerung durch das Versprechen, sie zu beschützen. Wir können uns kaum ausmalen, was es bedeutet, in einer Anarchie zu leben, denn die Abhängigkeit von Regeln ist uns nicht ständig bewusst. Wenn wir uns das Fehlen der staatlichen Kontrolle vorstellen, also eine Welt ohne Gesetze und Regeln, wäre unser Leben ein völlig anderes. Ohne staatliche Observanz wären wir ungeschützt und müssten in ständiger Achtsamkeit und Verteidigung leben. Allein die Abwehr von Gewalt würde für den Einzelnen massive Anstrengung bedeuten. Die staatliche Kontrolle ermöglicht uns dagegen, eigene Ressourcen für kreative Tätigkeiten anstatt für unsere Verteidigung zu verwenden. Gesetze sind die einzige Möglichkeit, in einer Gesellschaft durch das Delegieren von Kontrolle die kollektive Angst zu reduzieren.

Aber würde Anarchie tatsächlich einen Zustand der andauernden Selbstverteidigung bewirken? Es kann doch auch sein, dass sie zu einem friedlichen Zusammenleben führen würde, könnte man einwerfen. Doch leider zeigen alle Beispiele in der Vergangenheit, dass dem nicht so ist. Krieg ist ein anarchieähnlicher Zustand. Alle im Frieden unreflektiert befolgten Regeln werden dann außer Kraft gesetzt. Junge Männer, die immer korrekt und empathisch waren, können sich zu vergewaltigenden und mordenden Monstern entwickeln. Auslöser dafür ist die Angst vor dem Feind, der propagandistisch zu einer Bestie hochgespielt wird. Krieg funktioniert nur durch die Paranoia vor den anderen, die in einer selbsterfüllenden Prophezeiung mündet. Gewalt kann dabei immer als Versuch betrachtet werden, die eigene Angst zu verkleinern, auch wenn die Handlungsweise irrational ist. Gerade der aktuelle Krieg in Europa beweist dies, denn der Angriff auf die Ukraine beruht laut russischer Propaganda auf der Bedrohung durch die NATO und dem angeblichen Vorhandensein von Nationalsozialisten in der ukrainischen Regierung. Auch wenn das faktisch unrichtig ist, stellt Putin es als reale Gefahr dar. Ein falscher Blick, ein falsches Wort, alles kann so zur Bestätigung der eigenen Befürchtung werden. Gerade Menschen, die wie die Führer einer Nation abgeschottet und zumeist von Jasagern umgeben sind, bauen sich so schnell ein Bedrohungsszenario auf. So ein Despot ist allein seinen eigenen Fantasien ausgesetzt, die nicht durch die Kommunikation mit anderen infrage gestellt werden, die Umgebenden spielen bei diesen Fantasmen stattdessen mit. Man nennt das *Folie à deux*, also gemeinsamer Wahn. Es zeigt, dass Angst ansteckend sein kann, vor allem, wenn sie rhetorisch logisch vermittelt wird. Dieses Phänomen findet sich im Kleinen in der Familie und unter Freunden, aber auch in Firmen bis eben in Staaten. Es geht dabei darum, die in jedem Menschen vorhandene Grundangst anzusprechen und zu instrumentalisieren.

Am besten funktioniert das in Krisensituationen – auch Hitler hätte wohl nicht so reüssiert, wenn Deutschland und Österreich nicht wirtschaftlich am Boden gelegen wären.

Wie kann man solche Ängste nun wieder auf ein rationales Niveau bringen? Nur durch Kommunikation kommt man mit dem Objekt der Angst wieder in realen Kontakt, und viele Vorstellungen relativieren sich. Selbst eine aggressive verbale Auseinandersetzung ist besser als gar keine, denn jede Gefühlsäußerung des Gegenübers macht es greifbarer und damit weniger Angst auslösend. Wie man bei den legendären Verhandlungen Figls nach dem Zweiten Weltkrieg erleben konnte, spielt bei den Gegnern der Inhalt der Gespräche oft weniger eine Rolle als das Wie. Wenn es „menschelt", tun sich beide Seiten schwer, den Konkurrenten zu deklassieren. Man darf dabei nie vergessen, dass auch der schlimmste Despot Sehnsucht nach Anerkennung und Liebe hat. Das klingt vorerst entschuldigend, entspricht aber jedem menschlichen Gehirn.

Die kollektive Angst vor einer Wiederholung der Grauen durch einen Krieg hat Gesellschaften bewogen, sich Strategien zur Vermeidung auszudenken. Dies funktioniert meist auch, zumindest solange es Generationen gibt, die sich noch an vergangene Katastrophen erinnern können. Doch je länger eine Zeit des Friedens andauert, desto mehr gerät das Geschehene in Vergessenheit und die Regelungen zur Vermeidung werden aufgeweicht. Nach einem Krieg werden üblicherweise Verträge geschlossen und die Erträge vom „Sieger" aufgeteilt. Um den „Verlierer" nicht komplett zu vernichten, muss ihm zumindest so viel gelassen werden, dass die Bevölkerung wieder als Handelspartner agieren kann. Ideologische Unterschiede ruhen nun kurzfristig, da alle Beteiligten an einem Wiederaufbau interessiert sind. Man lässt sich also, hauptsächlich aus wirtschaftlichen Gründen, allerhand einfallen, um vorerst nicht gleich wieder in Streit zu geraten. Nach der Phase des Wiederaufbaus werden die Karten allerdings neu gemischt.

Der Krieg kann aber auch deshalb als Vater aller Dinge gesehen werden, wie das Sprichwort sagt, weil mit jedem Einschnitt auch eine Phase der Erfindungen einhergeht. Nicht nur technische Innovationen sind eine Folge von Kriegen, sondern auch ein tiefgreifender politischer Wandel. Nach dem Zweiten Weltkrieg etwa haben sich die beiden Gesellschaftsformen Kapitalismus und Kommunismus etabliert. Es entstand eine neue Nachkriegsweltordnung.

Für die persönliche Kontrolle unserer Ängste ist es notwendig, möglichst viel auch selbst zu steuern. Es beruhigt, die eigene und die Sicherheit der Familie durch Besitz sicherzustellen. In sozialistischen Staaten besteht immer die Abhängigkeit vom Wohlwollen der Staatsmacht, das bewirkt ein Gefühl der Unsicherheit. Es ist beruhigender, in einem Haus zu wohnen, das einem selbst gehört, als es vom Staat geliehen zu bekommen. Dasselbe gilt für Betriebe und Unternehmen. Warum sollte ich mich besonders anstrengen, wenn es für mich keine Vermehrung von Besitz und damit Selbstkontrolle bedeutet?

Menschen sind bereit, Verantwortung an den Staat abzugeben, der diese in Form von Regulationsmechanismen verwaltet, allerdings nur in dem Ausmaß, wie es ihnen noch eine eigene Verantwortung gestattet. Die Umsetzung der kommunistischen Ideologie nach dem Zweiten Weltkrieg ist auch daran gescheitert, dass sie durch Repressionen die Ängste der Menschen nicht reduziert, sondern gesteigert hat. Hier trifft der alte Spruch zu, dass gut gemeint nicht immer auch gut gemacht bedeutet. Jede Ideologie, die eine Entmündigung des Bürgers bewirkt, steigert dessen Ängste und damit den Widerstand. Staatliche Kontrolle funktioniert auf Dauer also nur, wenn der Bürger zumindest den Eindruck hat, persönlich auf die Gesetzgebung einwirken zu können. Darum leben Menschen in Demokratien auch angstbefreiter. Die Vorstellung, dass man unerwünschte Regeln beeinflussen und abschaffen kann, schafft auch für den Einzelnen eine Atmosphäre der Sicherheit. Noch keine Demokratie wurde durch Revolte von Bürgern abgeschafft, wenn, dann durch paranoide Männer, die Angst vor Machtverlust hatten und haben. Dies bewirkt Aggression, Gewalttaten und bei mächtigen Männern sogar Kriege, während „unbedeutende" Bürger, also solche ohne Entscheidungsmacht, sich durch Gewalt in der Familie oder in ihrem Umfeld „austoben". Die meisten Femizide sind darauf zurückzuführen, dass die Mörder Angst haben, ihre Frauen, ihre – eingebildete – Ehre oder ihr krankes Männerbild zu verlieren. Absurderweise schlagen auch gewalttätige Ehemänner aus Schwäche zu, da sie in ihrer Angstfalle sitzen. Sie können sich ihre Furcht nicht eingestehen, können sie auch nicht in den Griff bekommen und damit kontrollieren.

Angst als Gewaltauslöser

Zur Beantwortung der Frage, ob sich jemals etwas an den Folgen dieser destruktiven Angst ändern wird, kann man sich die Entwicklung der Menschheit in den letzten Jahrtausenden anschauen. Dabei kann man sehr wohl eine Zunahme an Vernunft im Umgang mit Gewalt feststellen. Auch wenn es gerade, auch aufgrund des Ukrainekrieges, nicht so scheint, so haben Aggressionsdelikte in Relation zur Anzahl der Menschen abgenommen und hat sich eine generelle Ächtung von welcher Gewalt auch immer durchgesetzt. Kaum jemand wird heute noch Mord, Totschlag oder, wie bis vor Kurzem noch geduldet, Gewalt an Frauen und Kindern gutheißen. Noch vor 50 Jahren war es vielfach gang und gäbe, dass der Familienvater, um seine Autorität zu untermauern, seine Gattin und die Kinder mehr oder weniger kritiklos verprügeln durfte. Durch das Einsetzen von körperlicher Überlegenheit die Angst vor Autoritätsverlust zu bekämpfen, war legitim und sogar ein Zeichen von anerkannter Manneskraft. Wir haben zumindest durch gesellschaftliche Ablehnung von Gewalt einen wichtigen Schritt nach vorne gemacht.

War und ist männliche Aggression in unserem Kulturkreis weitgehend nicht mehr anerkannt, so ist das leider in anderen Ländern nicht so. Die oft schändliche Behandlung von Frauen in vielen muslimischen Ländern beruht auf der Angst der Männer vor dem Verlust ihrer Position als (Familien-)Oberhaupt. Eine der Lösungen dieses Problems ist Zugang zu Bildung für alle. Denn diese bewirkt auch, dass die Beurteilung des Status eines Mannes mehr und mehr von seiner geistigen Fähigkeit abhängt. Wissen kann somit Muskelkraft im gesellschaftlichen Ansehen ersetzen. Außerdem begünstigt Bildung die Kontrolle von Angst durch rationale Lösungen. Allein schon das Durchschauen von irrationaler Furcht mindert das Angstniveau. Nach demselben Prinzip muss sich heutzutage auch niemand mehr vor Geistern oder dem Teufel fürchten.

Das Bewusstsein, dass geistige Leistung der körperlichen Kraft mindestens ebenbürtig, wenn nicht sogar deutlich überlegen ist, bewirkt, dass man nicht mehr auf Gewalt zurückgreifen muss. Wenn sich die verbale Konfliktlösung durchsetzt, braucht es keine Austragung am Schlachtfeld mehr. Wenn sich in einer Gesellschaft dann auch noch herausstellt, dass der Erwerb von Gütern, der, wie schon erwähnt, Sicherheit und damit Angstreduzierung bewirkt, besser anstatt durch Raub durch ein geistiges Tauschgeschäft erfolgt, dann ist das der richtige Weg. Allerdings funktioniert die rationale Angstbekämpfung nur so lange, wie der Verstand nicht durch Substanzen außer Kraft gesetzt wird.

> Herr Ae. arbeitet als Buchhalter in einer Bank und ist in seinem Bekannten- und Freundeskreis allseits beliebt. Er ist zuvorkommend, hilft, wenn er gebeten wird, und macht den Eindruck eines friedfertigen Zeitgenossen. Doch Herr Ae. hat ein Alkoholproblem. Solange er nicht trinkt, hat er seine Selbstunsicherheit im Griff. Er macht viel Sport, beschäftigt sich mit seinen Hobbys und geht in seinem Beruf auf. Eigentlich bewundert er seine Frau, eine erfolgreiche Managerin, die mehr verdient als er und deshalb auch mehr gemeinsame Anschaffungen bezahlt. Doch insgeheim fühlt sich Herr Ae. manchmal zurückgesetzt und minderwertig, er hat oft Angst, dass sie sich einen „besseren", sprich reicheren Mann suchen wird. In solchen Situationen kann er sich meist durch Sport ablenken, aber manchmal greift er dann zur Flasche. In den darauffolgenden Streits wirft er seiner Frau vor, dass sie ihn nicht liebe, dass er wisse, dass sie sowieso einen anderen wolle, und er beschimpft sie wüst. Wenn seine Frau nicht rechtzeitig flüchtet, kommt es auch regelmäßig zu körperlicher Gewalt.

Herr Ae. ist ein klassischer Gewalttäter, der durch Alkoholgenuss seine Hemmmechanismen, also die Kontrolle über seine Ängste, verliert. Da diese Männer nüchtern meist besonders liebevolle Väter und Ehemänner sind, ist es für die Frauen oft sehr schwer, sich von ihnen zu trennen, noch dazu, wo die Männer meist beteuern, dass diese Angriffe nur aus unendlicher Liebe passieren. Das ist nicht einmal gelogen, denn für sie sind Frau und Familie Besitz, den sie zu verlieren drohen. Wieder einmal bewahrheitet sich dabei dann das Prinzip der selbsterfüllenden Prophezeiung. Was sie immer befürchten, nämlich Frau und Kinder zu verlieren, tritt tatsächlich sehr oft – selbst verschuldet – ein. Leider ist es dann auch meistens so, dass Therapien nur funktionieren, solange der Mann nicht wieder zur Flasche greift. Bei Herrn Ae. hatte eine Verhaltenstherapie Erfolg. Er ist nüchtern ein einsichtiger Mensch und bereit, alles zu tun, um seine Beziehung zu erhalten. Deshalb trinkt er seit dem letzten Gewaltausbruch nichts mehr. Er weiß, dass der Alkohol der Feind in seinem Kopf ist.

Denn Drogen jeder Art verhindern die rationale Kontrolle unserer Ängste. Und mehr noch: Sie lösen Ängste auch aus. Durch den regelmäßigen Konsum von Cannabis zum Beispiel ist das Risiko, eine Angststörung und Depression zu entwickeln, um den Faktor 1,3 bis 1,7 erhöht wird, wie eine Studie von PD Dr. Eva Hoch an der Klinik für Psychiatrie und Psychotherapie der Ludwig-Maximilians-Universität (LMU) München gezeigt hat. Der Konsum von Drogen löst die Störungen, die der Konsument damit bekämpfen will, also stattdessen aus und verstärkt sie. Auch wenn es bei manchen Drogen während des Konsums kurzfristig zu einer Besserung der Angstsymptomatik kommt, so ist nach Aussetzen der Wirkung mit einer massiven Verschlechterung der Zustände zu rechnen. Es gibt auch viele Drogen – etwa sämtliche Halluzinogene –, die sogar Todesängste verursachen. Darum gilt immer: Keine Selbstbehandlung durch Drogen!

„Weibliche" und „männliche" Strategien der Angstbewältigung

Es ist wichtig, vorab klarzustellen, dass es sich bei den folgenden Erläuterungen um allgemeine Beobachtungen handelt und jeder Mensch als Individuum zu betrachten ist. Jedoch kann man physiologisch das Mann-Frau-Klischee vielfach nicht wegleugnen. Schon in der Fähigkeit, sich Angst eingestehen zu können, zeigen sich Unterschiede zwischen den Geschlechtern. Frauen tun sich meist leichter, sich bewusst einem Problem zu stellen: „Ich habe Angst ..., ich fürchte mich vor ..., ich sorge mich um ..." sind Bekenntnisse, die man zum Großteil von Frauen hört. Damit haben sie schon den ersten Schritt zur Bewältigung ihres Problems getan. Die Diktion von Männern ist da eine ganz andere: „Kein Grund zur Sorge, ich rege mich nicht wegen so was auf, nur keine Hysterie ..." – die meisten Männern tendieren dazu, Angst vorerst einmal durch Leugnen wegzuscheuchen. Das Motto „Was ich nicht weiß, macht mich nicht heiß" ist aber leider eine Strategie, die nur selten funktioniert. Wenn dann das Leugnen beim Mann nichts mehr hilft, dann heißt es die Aktionswaffe auszupacken, die hoffentlich nicht in Aggression endet. Wenn Frauen ihre Furcht durch zu intensive Beschäftigung und ständige Beobachtung ihres psychischen Befindens oft verstärken, so verschlechtern Männer ihre Angstzustände damit, dass sie diese nicht akzeptieren wollen.

Herr und Frau Be. sind beide über 65 Jahre alt und gehören deshalb zur Corona-Risikogruppe. Frau Be.s Befürchtung, sich mit Covid anzustecken, regt ihren Mann sehr auf. Er will nicht mehr darüber reden und wird sogar aggressiv, wenn sie ihn darauf hinweist, dass er eine Maske tragen, seine Hände desinfizieren und sich impfen lassen soll. Er befolgt schließlich zwar widerwillig ihre Ratschläge, schimpft sie dabei aber als hysterisch. Doch auch Herr Be. hat Angst vor der Erkrankung, würde das aber nie zugeben. Noch dazu ist er durch Übergewicht und Diabetes zusätzlich gefährdet, schwer zu erkranken. Wenn ihn seine Frau darauf anspricht, wird er mit dem Problem, das er leugnen möchte, konfrontiert und lässt seine Ängste durch verbale Aggressionen an ihr aus.

In Zeiten der Coronapandemie haben mir viele Patientinnen eine ähnliche Situation geschildert. Gerade im Umgang mit dem Virus zeigte sich die Reaktion auf eine Gefahr aus „weiblicher" und „männlicher" Sicht. Könnte man das Virus mit Gewehr und Axt bekämpfen, würde Herr Be. seine Frau vielleicht nicht als Ventil für seine Angst missbrauchen. Würde er die Fakten, die in diesem Fall ja auf dem Tisch liegen, rational analysieren und beurteilen, dann könnte er sich mit vernünftigen Maßnahmen wehren und damit bezüglich einer Ansteckung sorgloser werden. Möglicherweise hat Frau Be. das Thema Pandemie allerdings auch zu ihrem einzigen Gesprächsstoff hinaufstilisiert. Die „weibliche Art" der Angstbewältigung kann nämlich oft in einer Überbewertung der Ursache und „Zerreden" münden. Häufig leugnen Männer also Angst, während Frauen sie perpetuieren.

Selbstverständlich kann man aber den Umgang mit Angst nicht ohne die soziale Entwicklung eines Individuums beurteilen. Das Verhalten und die Reaktion auf furchterregende Umstände sind zumindest teilweise erlernt. Wir haben im Kapitel über die Entstehung von Angst Frau Ca. kennengelernt (siehe Seite 17), deren Mutter sie sehr ängstlich erzogen hat. Das Verhaltensmuster und die Sicht auf die Welt der Mama hat diese

Frau übernommen, denn wir lernen als Kind am Modell. Vermutet dieses Modell ständig eine Bedrohung, werden wir uns von diesem Eindruck nur schwer befreien können. Dazu kommt noch, dass wieder einmal die selbsterfüllende Prophezeiung eine Rolle spielt. Habe ich laufend Angst, werde ich für den Grund dafür permanent eine Bestätigung bekommen: Ich fürchte, mich zu erkälten, und bekomme im Winter einen grippalen Infekt. Den hätte ich ohne Angst zwar sicher auch bekommen, aber da ich ihn schon erwartet habe, erscheint er dann dramatischer als angebracht. Fürchte ich mich davor, vom Chef abgekanzelt zu werden, kann ich sicher sein, dass ich eine Ablehnung seinerseits wahrnehme, denn ich interpretiere jede Aussage und jeden Gesichtsausdruck meines Vorgesetzten als Rüge.

Ich fürchte ..., ich fürchte ..., ich fürchte ..., allein schon die ständige Angst im Hinterkopf bewirkt, dass irgendetwas schiefgeht. Wie schon in Kapitel 1 erläutert, werden Reize für die Auslösung von Panik gespeichert und triggern somit unsere Reaktion. Ob ich allerdings mit einem Todstellreflex auf den Aktivierungsreiz reagiere oder auf Kampfmodus schalte, hat sowohl mit meinem Geschlecht als auch mit meiner vorhergehenden Sozialisation zu tun. Frauen neigen bei Gefahr, ob aufgrund ihrer Erziehung oder auch hormonell bedingt, zum Totstellreflex. Zumindest tendieren sie nicht dazu, sich kopflos in einen nicht zu gewinnenden Kampf zu stürzen, während Männer eher die Schwerter zücken. Auch wenn die Genderpolitik uns weiszumachen versucht, dass diese Verhaltensweisen allein anerzogen sind, so darf man den hormonellen, biologisch-nützlichen Teilaspekt nicht aus den Augen verlieren: Es hat sich einfach evolutionsbiologisch bewährt, dass Frauen, um ihre Nachkommenschaft zu schützen, vor dem Feind zum Nachgeben oder zum Davonlaufen tendieren.

Jeder Trainer für Selbstverteidigungskurse wird bestätigen, dass bei Frauen die größte Herausforderung die Überwindung der Angriffsbarriere ist. Um nicht dem Totstellreflex zu folgen, braucht es erst einmal die Aktivierung des Kampfimpulses. Zu kämpfen bedeutet nämlich auch, jemandem wehtun zu müssen. Diese innere Sperre ein Stück weit zu überwinden, ermöglicht Frauen, mit ihrer Angst besser umzugehen, da sie für sich eine neu erlernte Kontrollmöglichkeit gefunden haben. Kampfsportarten sind deshalb für beide Geschlechter eine gute Möglichkeit, Souveränität zu erlangen.

Aber nicht nur aggressive Sportarten helfen Menschen, besser mit ihren Ängsten umzugehen. Jeder Sport, der das Ausloten der körperlichen Fähigkeiten stärkt, bewirkt ein Vertrauen in die eigene Kontrolle. Schon allein zu wissen, dass ich dem Feind im Notfall davonlaufen kann, reduziert das Bedrohungsszenario. Auch wenn Sport unsere aggressiven Emotionen bedient, so tut er das doch in einem streng reglementierten Rahmen, was unkontrollierte, den anderen Schaden zufügende Folgen ausschließt. Darum ist er für die – vor allem, aber nicht nur – „männliche" Angstkontrolle das perfekte Ventil. Er gaukelt dem Betreiber einen Kampf vor, kostet dabei aber keine Verletzten oder gar Menschenleben. Der Kampf im Fußballstadion verhindert also den Krieg auf der Straße. Nicht umsonst sind die Stadien vor allem mit Männern gefüllt.

Leider ist es aber noch immer so, dass sich oft die kriegerische Art der Angstbewältigung durchsetzt. Der hirnlose Impuls: „Ich schlag dann einfach mal zu", aber auch die „Verteidigung der Freiheit durch Gewalt" ist ein Motor für alle Kriege. Vor allem diese sogenannte Freiheit wird als Begründung für den Kampf bis zur vollständigen Zerstörung unter Inkaufnahme von Tausenden Toten bemüht. Diese vor allem „männliche" Form der

Angstkontrolle entbehrt jeder Analyse einer Bedrohung, denn oft kommt es schnell zu kämpferischen Auseinandersetzungen, deren konkreter Grund im Nachhinein nicht nachvollziehbar ist: Der Auslöser, sei er real oder fantasiert, steht dabei in keiner Relation zur weiteren Eskalation. Es handelt sich um ein archaisches, überholtes Muster, das vielleicht einem Tier, aber bestimmt keinem vernunftbegabten Menschen entspricht. Da vor allem das männliche Gehirn diesem Schema folgt, werden gewalttätige Auseinandersetzungen auch größtenteils von Männern geführt.

Natürlich stellt sich in diesem Zusammenhang sofort die Frage, ob denn nun das „weibliche Verhalten“ bei Angst zielführender ist, ob es vernünftiger wäre, vor Bedrohung davonzulaufen oder in Schockstarre zu verfallen. Als Reaktion auf eine tatsächlich gefährliche Situation wäre es zweifellos sicherer, sich aber angesichts seiner Angst oder eines Problems im eigenen Gedankenkosmos und den eigenen vier Wänden einzusperren, wird keine Weiterentwicklung und Lösungen für Probleme bewirken, denn Fortschritt bedarf immer eines Quantums an Aggression und Vorpreschen. Wir haben als Folge der zwei verheerenden Weltkriege in Europa jahrzehntelang einen klugen Mittelweg zwischen „männlicher“ und „weiblicher“ Angstbewältigung gewählt, der aus einer genauen Analyse von Ursache und adäquater Reaktion bestand. Herausgekommen ist vor allem die Fähigkeit, Kompromisse einzugehen. Man könnte auch sagen: Ein wenig „weibliche“ Kommunikationsfreude in Verbindung mit ein wenig „männlichem“ Vorpreschen haben Europa befähigt, Differenzen am Verhandlungstisch und nicht am Schlachtfeld zu lösen. Nicht zuletzt die wichtigen Rollen von Frauen in der Europäischen Union haben friedliche Lösungen befeuert. Der Aspekt, dass Nachgeben manchmal die bessere Axt ist, hat uns

Jahrzehnte des Wohlstands und Friedens beschert. Leider zeigt aber gerade aktuell der Bedrohungs- und Männlichkeitswahn eines einzelnen Mannes, dass der gesellschaftliche Konsens in den Jahrzehnten zuvor nicht allgemeingültig ist. Und es ist zu vermuten, dass das immer wieder passiert. Denn solange es uns nicht gelingt, Angst allein durch Ratio zu bekämpfen, werden wir immer wieder die Kontrolle über sie verlieren.

Kapitel 7 – Transformation von Angst in einfallsreiche Kraft

So grässlich Furcht auch erlebt wird, so hat sie in der Rückschau meist einen fruchtbaren Einfluss sowohl auf die individuelle als auch auf die gesamtgesellschaftliche Entwicklung. Auch wenn man selbstverständlich zwischen pathologischer, krankhafter Angst und berechtigter Sorge unterscheiden muss, so kann Furcht im Allgemeinen auch ein Booster sein, um weiterzukommen. Die krankhafte Angst ist zwar eine Bremse für Kreativität und Weiterentwicklung, das Entdecken von Auswegen kann aber als Ventil wirken, um Angst in schöpferische Kraft zu transformieren.

Es gibt kaum eine Erfindung, soziale und gesellschaftliche Entwicklung, die nicht auf der Sorge vor unangenehmen Folgen in der Zukunft basiert. Deshalb hat Angst einen Mehrwert für uns selbst und für die Gemeinschaft, denn zum Glück führt die Abwehr der Angst selten zu furchtbaren Folgen wie etwa Krieg. Zumeist wird die Angst vor etwas in die kreative Bekämpfung der Ursache gesteckt.

Wie können wir den unangenehmen Zustand der Furcht nun gewinnbringend in Entängstigung umwandeln? Es bedarf dazu zunächst einer genauen Analyse der Ursache der Angst. Das ist meistens – zumindest gefühlt – vorerst unmöglich, da die Angst die Fähigkeit, klar zu denken, verhindert. Darum geht es in diesem erregten Zustand darum, dem Frontalhirn wieder die Kontrolle über unsere Gefühle zu ermöglichen; dazu gibt es verschiedene Methoden.

Angstkontrolle durch Zahlen

Wenn es auch im ersten Moment so scheint, als ob eine Angststörung oder ähnliche psychische Krankheiten keineswegs der Weiterentwicklung der Gesellschaft dienen, so darf man die soziale Auswirkung nicht außer Acht lassen. Der Umgang mit psychisch Kranken hat sich durch die Möglichkeit, sie effektiv zu behandeln, deutlich zum Positiven verändert. Zum Glück sind die Zeiten, in denen diese Menschen aus der Gesellschaft ausgeschlossen, eingesperrt oder bestraft wurden, vorbei. Die wissenschaftliche Beschäftigung mit der Psyche und damit auch mit den Ängsten hat einen gesellschaftlichen Wandel bewirkt. Man hat bemerkt, dass es sich um eine organisch (mit-)bedingte Störung handelt. Das hat nicht nur den Umgang der Menschen untereinander, sondern auch eine Veränderung der Geistes- und Naturwissenschaften nach sich gezogen. Wo früher Konflikte mit Gewalt oder Waffen gelöst wurden, hat sich – auch durch die Akzeptanz von Angst – das Gespräch als Problemlösungsstrategie hervorgetan.

Das Streben der Wissenschaft, das Leben zu erleichtern, fußt auf der Absicht, Befürchtungen und Sorgen zu beseitigen. Wenn Wissenschaftler behaupten, dass sie nur aus Neugier forschen, vergessen sie, dass diese Neugier auch aus dem Bedürfnis, etwas kontrollieren zu können, entsteht. Auch die Mathematik existiert im Grunde wegen der Hoffnung, die Welt ausrechnen zu können und sie damit verständlicher und auch emotional berechenbar zu machen. Man tut sich leichter mit der Erkenntnis, ein unbedeutendes Teilchen des Universums zu sein, wenn man dieses Teilchen zumindest in ein rechnerisches Schema bringen kann. Es ist anzunehmen, dass sich das Rechnen aus dem Bedürfnis heraus entwickelt hat, beim Handeln nicht übervorteilt zu werden. Denn es ist einfacher, die Dinge numerisch einzuordnen und sie somit leichter konfliktfrei austauschen zu können. Ich muss weniger Angst zu haben, dass mich der Verkäufer hineinlegt, wenn ich den Preis nachrechnen kann. Zahlen sind also perfekte Kontrollinstrumente, weil sie von unserem präfrontalen Kortex zur Wahrheitsprüfung eingesetzt werden.

Wir Menschen versuchen, alles zu berechnen. Auch eine Wahrscheinlichkeitsrechnung ist nur der Versuch, die unbekannte Zukunft unter unsere Kontrolle zu bringen. Ob es sich um Wahlvorhersagen, Gesundheitsstatistiken, Klimawandelprognosen oder auch nur den Wetterbericht handelt, es geht immer darum, Zukunftsbefürchtungen einordnen zu können. **Zahlen sind eine wirksame Angstprophylaxe.**

Die Coronasituation hat für uns alle das Augenmerk auf Statistiken gelenkt. Gebannt sind wir vor allem zu Beginn der Pandemie vor dem Fernseher gesessen und haben auf die neuesten Zahlen gewartet. Ein leichtes Fallen der Inzidenz hat auch eine leichte Verringerung der Angst mit sich gebracht. Menschen haben sich wie nie zuvor an Berechnungen geklammert, die zwar nichts über sie persönlich, aber zumindest etwas über die Zukunft der Pandemie ausgesagt haben. Die Epidemiologen haben uns mit rechnerischen Zukunftsaussichten versorgt. Natürlich funktioniert diese Art der Angstverminderung nur bei realen Ursachen, wie eben in einer Pandemie. Eine herbeifantasierte fiktive Ursache dagegen lässt sich nicht mit Zahlen kontrollieren.

Ablenkung

Bin ich panisch, heißt es primär, sich abzulenken, denn das Gehirn ist, wie schon mehrmals erwähnt, kein Multitasker. Am besten wirkt eine motorische Beschäftigung mit körperlicher Anstrengung. Aber auch eine feinmotorische Tätigkeit wie stricken kann helfen – besonders, wenn etwa ein kompliziertes Strickmuster ein hohes Maß an Konzentration erfordert. Diese Beschäftigung kann dann genauso effektvoll sein wie ein anstrengender Lauf. Es kommt nämlich immer darauf an, wie sehr unsere vernetzten Hirnareale dadurch beansprucht werden. Je mehr sich unsere Synapsen an einem anderen Problem abarbeiten müssen, desto weniger können sie unsere Angst bedienen. Deshalb ist es sinnvoll, das Gefühl der Furcht möglichst schnell zu unterbrechen, um nicht eine reale Angst durch einen „Fantasietsunami" mit irrealem Inhalt zu verstärken.

Bei Frau Ce. ist am nächsten Tag ein Mitarbeitergespräch angesetzt. Sie macht sich große Sorgen, womöglich gekündigt zu werden, da sie in den letzten Monaten oft im Krankenstand war. Auch war sie wegen der Krankheitsfolgen bei ihren Aufgaben sehr oft unkonzentriert. Es gab Rügen von ihrem unmittelbaren Vorgesetzten und sie befürchtet, dass dieser sie beim obersten Chef angeschwärzt hat. Je länger sie darüber nachdenkt, desto sicherer ist sie, dass es sich um ein Kündigungsgespräch handeln muss. Schon stellt sie sich vor, dass sie nicht mehr ausreichend liquide sein wird, aus ihrer Wohnung ausziehen, das Autor verkaufen muss und, am schlimmsten, dass sie ihre alte Mutter nicht mehr finanziell unterstützen kann. Je länger sie grübelt, desto weniger kann sie sich einen positiven Ausgang des Gesprächs vorstellen.

> Als Frau Ce. ins Bad geht, um sich eine Beruhigungstablette zu holen, bemerkt sie, dass der Boden überschwemmt ist. Sie sieht hinter dem Waschbecken nach und stellt fest, dass das Wasser offenbar aus dem Waschmaschinenabfluss kommt. Frau Ce. muss handeln. Sie schaltet die Waschmaschine ab und beginnt, den Boden aufzuwischen. Nachdem sie die Nässe beseitigt hat, sucht sie sich im Internet die Telefonnummer eines Installateurs heraus. Durch all diese Ablenkungen hat sie keine Zeit mehr zu grübeln. Der Ärger über den Wasserschaden übertüncht sofort die Angst vor dem nächsten Tag. Als sie es dann sogar geschafft hat, einen Termin mit einem Installateur auszumachen, ist sie anschließend sehr erleichtert. Zwar ist ihr noch immer ein wenig mulmig vor dem morgigen Gespräch, aber die panische Angst davor ist in den Hintergrund getreten. Sie hat sogar die Beruhigungstablette vergessen. Die unangenehme Überraschung hat sie wieder in die reale Welt, wo es zu handeln gilt, zurückversetzt.

Wir beobachten das Phänomen häufig, dass in Krisensituationen Angst der Aktivität und Handlungsbereitschaft weicht. Die verdrängte Angst nach so einer Reaktion kann allerdings wie beim Posttraumatischen Syndrom immer wieder auftreten. Menschen, die eine große Bedrängnis gemeistert und sich durch großen Mut ausgezeichnet haben, entwickeln Angstzustände, wenn sie dieser Gefahr gar nicht mehr ausgesetzt sind. Bei ihnen fängt die Grübelei im Gehirn erst nach Beendigung der Gefahr an, wo sie sich dann einen bösartigen Ausgang der Ursache vorstellen. Sobald sich nämlich unsere Gedanken unabgelenkt auf ein Katastrophenszenario konzentrieren können, wie das dann in Sicherheit der Fall ist, können sie einen Angsttsunami auslösen.

Obwohl die Verdrängung einen schlechten Ruf hat, ist sie in diesem Fall die Rettung vor einem immerwährenden Ringelspiel der dunklen Gedanken. Wenn wir nicht fähig wären, unliebsame Erlebnisse von unserem unmittelbaren Bewusstsein fernzuhalten, wären wir nicht imstande, unser Leben zu managen. Es ist wichtig, aus Bedrohungen zu lernen, um sie in Zukunft zu vermeiden, es ist aber schädlich, wenn unsere Gefühle nur mehr aus Angst vor Gefahr bestehen. Im Umgang mit unberechtigter Angst geht es also darum, unser Gehirn auszutricksen. Dafür helfen banale Rituale der Ablenkung: Machen Sie eine Liste mit leicht durchführbaren Handlungen, die Sie in petto haben, wenn sich Ihre Angstspirale in Gang setzt. Dieses Verzeichnis sollte wohl durchdacht sein, denn es macht wenig Sinn, sich während der Arbeitszeit einen langen Lauf vorzunehmen oder sich durch ein Kreuzworträtsel, das Konzentration erfordert, zu Hause neben einem schreienden Säugling ablenken zu wollen. Ablenkungsmanöver müssen geplant und realisierbar sein, und vor allem müssen sie geübt werden. Ein Katalog von erprobten Maßnahmen ist dienlich. Nicht jeder Angstzustand lässt sich durch einen Rohrbruch beseitigen. Aber wie wäre es mit einem Badezimmerputz, ganz ohne Rohrbruch?

Allein ein Ortswechsel – und seien es nur ein paar Schritte im Stiegenhaus mit dem Auf und Ab von ein paar Stufen – hilft, denn jeder Reiz, der das Gehirn auffordert, sich neu zu orientieren, reduziert die Möglichkeit, die Angstspirale zu beschleunigen. In diesem Katalog sollte man sich außerdem Tätigkeiten notieren, die nach Erledigung ein Gefühl der Zufriedenheit hervorrufen. Ein frisch geputztes Badezimmer macht Freude, ein paar Schritte mehr machen fit, ein Anruf bei einer Freundin, selbst wenn diese gerade auch nicht fröhlich ist, sorgt für ein Gefühl der Verbundenheit.

Noch besser ist es natürlich, wenn man in solch einer panischen Situation Tätigkeiten durchführt, die speziell gegen die Ursache dieser Angst gerichtet sind. Das geschieht bei der Studentin, die sich akribisch auf eine Prüfung vorbereitet, beim Schauspieler, der immer wieder den Text übt, oder bei der Angestellten, die sich einen Katalog von Antworten, die sie ihrer Vorgesetzten beim Mitarbeitergespräch präsentieren will, zurechtlegt. **Die Bekämpfung der Angst erfordert Fantasie!**

Ihre Fantasie sollte besser in die Abwehr als in die Entstehung von Angst investiert werden. Wenn es gelingt, dass diese Ablenkung auch noch ein befriedigendes Ergebnis hervorbringt und damit zu einem Glücksmoment verhilft, dann hat man alles richtig gemacht.

Als wirksame Ablenkung von Angst kann auch körperlicher Schmerz wirken, wenn er nicht gleichzeitig der Angstauslöser ist. Selbstverletzungen von Teenagern fußen auf dieser Erfahrung. Natürlich handelt es sich dabei aber nicht um eine empfehlenswerte Methode, sie zeigt nur, wie „einfach" unser Gehirn inmitten der Angstspirale gestrickt ist. Man kann dieses unmittelbare, peinigende Empfinden auch in abgeschwächter Form nützen, wie zum Beispiel im Rahmen verschiedener medizinischer Anwendungen. Es lenkt von einem undefinierten Angstzustand ab, denn schwacher Schmerz kann sehr wohl wirksam sein. Vor der Ära der Behandlung mittels Psychopharmaka hat man sich dieses Faktum mehr oder weniger effektiv zunutze gemacht. Die Kaltwassertherapie von Sebastian Kneipp beruht etwa auch darauf, Angst durch leichten Schmerz zu bekämpfen. Auch ein Extremsportler macht nichts anderes, als sich durch Schmerz in einen angstbefreiten, ja euphorischen Zustand zu versetzen.

Bereits leichtes körperliches Missempfinden führt zur Angstreduzierung. So lösen manche Yogaübungen, Stretching, aber auch Muskelkater nach Anstrengung oder die Hitze in einer Sauna ein leicht schmerzhaftes Gefühl aus, das mit einer psychischen Bedrängnis konkurrieren kann. Dieser „Wohlfühlschmerz“ wirkt auf zwei Ebenen, einerseits durch Ablenkung, andererseits durch das Versprechen auf ein angenehmes Gefühl nach dem Abklingen. Wenn dieser „Wohlfühlschmerz“ außerdem noch mit körperlicher Anstrengung einhergeht, dann ist er ein erprobtes Mittel gegen unsere Furcht.

Die Evolution hat erfolgreich auf diese Reaktion des menschlichen Gehirns gesetzt. Angst aktiviert alle unsere körperlichen Möglichkeiten, ihrem Auslöser davonzulaufen und ihn zu bekämpfen. Auch nach Jahrtausenden und einer bequemen Lebensweise hat sich daran nichts verändert. Wir müssen die von uns ausgeschütteten Stresshormone dazu verwenden, wozu sie unsere Physiologie geplant hat, nämlich um den Körper auszupowern. Dadurch wird Angst auf drei Arten bekämpft: durch Anstrengung, Schmerz und Ablenkung.

Vermeidungsstrategien

Herr De. hatte einen schweren Autounfall, bei dem er beinahe ums Leben gekommen wäre: Ein betrunkener Autofahrer hat ihn touchiert. Sein Vertrauen in andere Fahrzeuglenker ist seither erschüttert, er traut sich nicht mehr, selbst zu fahren, aber auch als Fahrgast bekommt er auf längeren Strecken Panikattacken. Eine Verhaltenstherapie hat zumindest so weit geholfen, dass er in der Stadt als Beifahrer ohne gröbere Angstzustände transportiert werden kann. Da Herr De. aber beruflich sehr viele auswärtige Termine hat, kann er dem Reisen nicht ausweichen. Er hat lange überlegt, wie er aus diesem Dilemma herausfindet,

ob er den Job wechseln oder sich andere Transportmöglichkeiten ausdenken soll.
Er stellt sich also einen Plan zusammen: Zuerst prüft er seine Meetings, um zu sehen, welche online getätigt werden können. Dann studiert er sämtliche Fahrpläne von öffentlichen Verkehrsmitteln. Da er im Bus zwar nicht panisch wird, aber doch sehr ängstlich ist, bespricht er sich mit seinem Hausarzt, der ihm zu einem harmlosen beruhigenden Mittel rät, das er rezeptfrei in der Apotheke bekommt.
Herr De. schult sich selbst zum Experten im Herausfinden der optimalen Verbindungen zu seinen Auswärtsterminen. Nach einigen Dienstreisen stellt er fest, dass sein Zeitverlust geringer als befürchtet ist und er außerdem die Möglichkeit hat, in den öffentlichen Verkehrsmitteln zu arbeiten. Herr De. hat dadurch sowohl an Lebensqualität dazugewonnen als auch an Genugtuung, weil er die Umwelt schont.

Viele Menschen quälen sich erfolglos damit, Ängste zu bekämpfen, die evolutionsbiologisch sinnvoll sind, weil sie denken, dass jede Furchtsamkeit krankhaft sein muss. Am Beispiel von Herrn De. sieht man jedoch, dass es nicht immer notwendig ist, seine Angst mit allen Mitteln zu bekämpfen, sondern dass es auch gerechtfertigt sein kann, der Furcht nachzugeben. Solange Vermeidungsstrategien wie bei Herrn De. intelligent geplant und durchgeführt werden und sie zu keiner Beeinträchtigung der Lebensqualität führen, sind diese eine probate Methode, mit der Furcht umzugehen.

Haben Sie Höhenangst? – Kein vernünftiger Grund spricht dafür, dass man sich in 3000 Meter Höhe an einem Abgrund stehend wohlfühlen muss.

Haben Sie Platzangst? – Kein vernünftiger Grund spricht dafür, dass man in einem engen Lift, der theoretisch jederzeit stecken bleiben könnte, Vergnügen empfindet.

Haben Sie Flugangst? – Kein vernünftiger Grund spricht dafür, dass man in 10 000 Meter Höhe, eingesperrt in einem geschlossenen Raum, Glücksgefühle haben sollte.

Es muss erlaubt sein, dem Auslöser seiner Angst aus dem Weg zu gehen. In manchen Situationen ist Angst also zwar nicht hilfreich, aber durchaus nicht irrational, sie zu akzeptieren und zu lernen, mit ihr zu leben, kann einen entscheidenden Unterschied machen.

Ich beobachte in meiner Arbeit immer öfter, dass der Druck steigt, angstfrei zu sein. Höher, weiter, schneller – vor allem bei Jugend- und Trendsportarten kann man die Tendenz beobachten, dass nur, wenn ich mein Leben riskiere, die Leistung etwas wert ist. Diese falsche Richtung wird durch Werbungen für Lifestyle-Produkte wie etwa Energy Drinks forciert. Wer nicht bereit ist, ein hohes Risiko einzugehen, gehört nicht mehr zu den Testimonials. Dieses Phänomen lässt sich auch bei riskanten Geldbewegungen beobachten. Der coole Broker setzt auf Bitcoin und Co.; solide Investments oder gar „altmodisches" Sparen machen einen Menschen im allgemeinen Denken zu einem Langeweiler und Spießer. Inzwischen ist es beinahe so, dass schon mehr Mut dazugehört, sich zu seiner Ängstlichkeit oder besser Vorsicht zu bekennen, als hirnrissige Abenteuer einzugehen. **Darum: Mut zur Furcht!**

Haben uns nicht immer kluge Ideen zur Reduktion der Angst und ihrer Ursachen weitergebracht? Jeder Airbag in einem Auto ist aus Furcht vor einem tödlichen Unfall, der Kühlschrank aus Angst vor einer Lebensmittelvergiftung, der Stromschutzschalter aus Bedenken vor einem Stromschlag und vieles andere mehr aus Angstvermeidung erfunden worden. Diese und unzählige andere Entdeckungen entstanden aus Mut zur Furcht. Somit haben gerade Vermeidungsstrategien Innovationen ermöglicht. Sie haben raffinierte Angstumgehungsmöglichkeiten erfunden und geschaffen. So wurde möglicherweise auch aus Furcht davor, einen hohen Berg über steile Felsen zu erklimmen, die erste Gondelbahn konstruiert, die einen Gipfelsieg ohne Gefahren ermöglicht. Fürchte ich mich vor Liften, dann habe ich zumindest in öffentlichen Gebäuden die Möglichkeit, Rolltreppen zu benutzen oder zu Fuß zu gehen. Habe ich Angst, mich mit Corona anzustecken, dann kann ich meiner Freundin via Laptop zuprosten. Man sieht, der menschliche Geist ist ein hervorragender Erfinder von Möglichkeiten, die Angst zu umgehen.

Recht hat er! Denn gerade während der Coronapandemie haben wir gesehen, wie schnell und effektiv die Menschen ihre Gewohnheiten anpassen, um einer Gefahr auszuweichen. Noch nie gab es so viele Spaziergänger, die eben im Freien ihre sozialen Kontakte pflegten, noch nie haben die Menschen – auch als Nichtraucher – so gern an der frischen Luft bei einem Bier gefroren, noch nie hat der Staat so viel Geld in den Wunsch der Bevölkerung nach Sicherheit durch exzessives Testen gesteckt. All das waren persönliche oder auch soziale Vermeidungs- und Umgehungsstrategien.

Angst klug zu vermeiden, ist also nicht schändlich, auch wenn dies irgendwelche Ratgeber, online oder auch analog, suggerieren. Es ist legitim, sich vor einer Herausforderung zu fürchten und sie auch, falls nicht bezwingbar, zu vermeiden.

Angst überschreiben

Angstauslöser müssen sich in unserem Gehirn gegen andere furchterregende Reize durchsetzen. Je weniger ein Mensch das Gefühl hat, mit einer Furcht fertigzuwerden, desto mehr wird sich diese Sorge gegen andere durchsetzen und zum „Angstsieger" krönen. Jeder hat schon erlebt, dass man sich vor etwas fürchtet, aber der Gegenstand der Furcht durch einen anderen, schlimmeren Anlass ersetzt wird. Das gilt sowohl für persönliche als auch für kollektive Besorgnis.

Kollektiv wurde in den vergangenen Jahren die Angst vor dem Klimawandel durch die vor der Coronapandemie und diese wiederum durch jene vor dem Ukrainekrieg ersetzt. Der ursprüngliche Angstauslöser tritt also in den Hintergrund, wenn eine aktuellere Angstursache aufkommt. Auch die Furcht unterliegt nämlich einem augenblicklichen Modetrend. Es mag flapsig klingen, aber für die Aktualität der kollektiven Angst gelten dieselben Werberegeln wie für ein anderes Produkt. Wenn sich nicht ausreichend Medien für eine Katastrophe interessieren, wird diese kein Objekt unserer Sorge werden, denn für eine breit gestreute Angst braucht es immer mediale „Angstschürer". Erst wenn die Furcht in der Bevölkerung angekommen ist, wird diese Angst auf den Einzelnen überspringen und seine anderen Sorgen verdrängen. Wie dieser Auslöser dann vom Einzelnen verarbeitet wird, kommt auf seine Persönlichkeit an und darauf, was ihm wichtig ist. Bestimmt zum Beispiel finanzieller Erfolg das Leben eines Menschen, dann wird die Aussicht auf Verlust des Vermögens die Angst vor Krankheit übertünchen, ist er mehr auf sein körperliches Befinden fixiert, wird ihn ein möglicher finanzieller Rückschlag weniger beeinträchtigen.

Das Ehepaar Fe. hat sich gemeinsam ein Einfamilienhaus erarbeitet. Durch die wirtschaftliche Lage infolge des Ukrainekrieges stehen sie vor dem Problem, dass sowohl das Öl teurer wird als auch dass die Bank die Zinsen für ihren Kredit erhöhen könnte. Durch eine kleine Erbschaft erhalten sie die Chance, entweder einen Teil des Kredites vorzeitig zurückzuzahlen oder in eine neue Heizung, die sie unabhängig von Öl macht, zu investieren. Frau Fe. möchte eine neue Heizung, Herr Fe. aber die Rückzahlung des Kredites. Frau Fe. fürchtet sich vor einem kalten Winter, während sich Herr Fe. vor einem Verlust eines Teils seines Vermögens ängstigt. Schon vor dem Ukrainekrieg hat sich Frau Fe. eher wegen der Umweltzerstörung gesorgt, während Herr Fe. meist um seine Aufstiegschancen in der Firma bangte.

Wie das Beispiel des Ehepaares Fe. zeigt, hat jeder von uns einen Angstuntergrund, sozusagen eine Angstbasis. Von der ausgehend, setzen sich neue, aktuellere Ängste durch.

Schon das Neugeborene fürchtet sich. Zwar sind die Auslöser wie Schmerz oder Hunger da noch handfest, aber bald nehmen die Ängste immer mehr die Gestalt von Vorstellungen an. Bereits das Kleinkind hat die Fähigkeit, sich, hervorgerufen durch seine eigene Fantasie, zu ängstigen. Da wird aus der Hexe im Bilderbuch ein nächtliches Monster oder die kurze Abwesenheit der Mutter zu einem Gefühl des andauernden Verlassenseins. Im Laufe des weiteren Heranwachsens wird die Art der Furcht dann den Entwicklungsabschnitten angepasst. Da gibt es die Phase des „Fremdelns“, dann die Angst vor Finsternis, die Angst vor dem Alleinsein und schon bald sehr konkrete Ängste. Leider ist dabei die „vernünftige“ Furcht nicht angeboren, sondern erlernt.

Vernünftig wäre es, wenn man von Geburt an wüsste, dass Feuer gefährlich ist, dass man nicht auf einem Fenstersims sitzen sollte, dass man sich mit einem Messer schneiden kann und Autos kleine Kinder überfahren können. Diese Angst vor realen Gefahren muss im Gegensatz zur fantasierten Angst erst durch schlechte Erfahrungen erlernt werden. All diese verschiedenen Ausformungen von Ängsten entstehen auf der Basis einer angeborenen Urangst. Da eine Angst immer durch eine andere, aktuellere, spektakulärere ersetzt wird, ändern sich die Inhalte unserer Furcht im Laufe des Lebens. Das ist eine Folge des Er- und Verlernens von Ängsten.

Ein Mensch, der gerade den Führerschein macht, zittert vor jeder Kreuzung, weil er befürchtet, dass der Motor abstirbt, dass überraschend ein Fußgänger quert oder auch nur, dass der Fahrlehrer schimpft. Nach einiger Zeit der Routine beim Autofahren wird er wahrscheinlich über seine damaligen Besorgnisse lachen. Nach einem Unfall kann sich diese Sorglosigkeit allerdings schnell wieder in Angst vor dem Fahren wandeln. Der Inhalt unserer Ängste ist also auch eine Folge unserer Erfahrungen im Umgang mit Gefahren.

Ein beliebtes Werkzeug zur Überschreibung und dem Ausleben der „Basisangst“ ist die Animation durch künstliche, Angst erzeugende Medien. Waren das früher die Geisterbahn, Horrorgeschichten oder der Krampus, so reicht heute die analoge Furchterzeugung nicht mehr aus, sondern sie muss durch immer spektakulärere Grässlichkeiten im Film oder in Computerspielen geschaffen werden. Auch die Auslösung von Furcht richtet sich nach dem Zeitgeist: Ein in der Mitte des 20. Jahrhunderts geborenes Kind hat sich noch vor dem Krokodil im Kasperltheater gefürchtet, heute braucht es dazu schon Animationen mit überdimensionalen 3D-Dinosauriern. Bei den Halbwüchsigen ist es dann schon ein

Mord am Handyvideo. Man sollte meinen, dass es dadurch zu einer Abhärtung der Sinne kommt und sich die heutigen Menschen weniger fürchten, weil sie sich an die furchterregenden Bilder gewöhnt haben, dem ist aber nicht so. Ganz im Gegenteil: Die mediale Überzeichnung von Angst bewirkt auch eine Erhöhung der nebulösen Basisangst.

Durch die künstlich hervorgerufene Erregung kommt es zwar zu einem kurzzeitigen Überdecken der Ängste, weil das Gehirn sich eben nicht vor zwei Sachen gleichzeitig fürchten kann, die Fehlinformation durch visuelle Bilder bleibt aber ein Trigger für die individuelle Angst. Zwar kann dieser unwirkliche Horror selbst gesteuert werden, was das trügerische Gefühl der Kontrolle über das unmittelbare Angstgeschehen hervorruft, das funktioniert aber bei den eigenen Vorstellungen nicht. Einen Film oder ein Computerspiel kann ich abschalten, mich selbst aber nicht. Vor allem für Menschen mit einer ausufernden Fantasie sind solche Horrorgeschichten zur Angstüberschreibung also nicht zu empfehlen, da sie oft im Schlaf weitergesponnen werden oder sich als real bedrohlich festigen. Wenn dann noch gleichzeitig Drogen konsumiert werden oder es eine Anlage für Psychosen gibt, kann es zu einer fatalen Persistenz von Angstzuständen kommen. Es ist ein Trugschluss, dass ich mit meinen eigenen Sorgen besser zurechtkomme, wenn ich mich durch Horrorbilder abzuhärten versuche. Dagegen kann die Ablenkung von Ängsten durch neue und andere Sorgen manchmal auch konstruktiv und der eigenen Entwicklung dienlich sein.

Herr Ge. leidet seit seiner Jugend an einer generalisierten Angststörung, die sich vor allem im sozialen Verhalten bemerkbar macht. Er meidet alle Zusammenkünfte mit Menschen, egal ob sie ihm bekannt oder unbekannt sind. Diese Störung wirkt sich dramatisch auf sein Sozialleben und auch auf sein berufliches Fortkommen aus. Sein Leben ist dadurch bestimmt, seine andauernden Ängste handzuhaben, indem er Situationen mit Menschenkontakt aus dem Weg geht.

Herr Ge. hat eine Schwester, mit der er ebenfalls wenig Kontakt hat. Er steht ihr nicht sehr nahe, hegt aber auch keine Abneigung gegen sie. Als sie plötzlich stirbt, hinterlässt sie einen sechsjährigen Sohn. Der Vater des Kindes hat sich nie gekümmert und kommt als Betreuer nicht infrage. Die Fürsorge tritt also an Herrn Ge. heran und macht ihn als nächsten Verwandten zum Sachwalter des Buben. Herr Ge. hadert mit sich, er kann sich nicht vorstellen, diese Verantwortung zu übernehmen, außerdem hat er mit Kindern keinerlei Erfahrung. Sein Gewissen sagt ihm aber, dass er sich um den Buben kümmern muss. Er vereinbart mit den staatlichen Betreuern, dass er das Kind zunächst einmal probeweise zu sich nehmen wird. Allein schon die Organisation von Schule, Kinderzimmer und der Umstellung im Haushalt beschert ihm schlaflose Nächte. Er hat schrecklich Angst, diese Verantwortung zu übernehmen und die Anforderungen nicht zu schaffen. Seine generalisierte Sozialphobie ändert sich dahingehend, dass seine Ängste nun auf einem realen Inhalt beruhen. Da er diese Befürchtungen aber durch Organisation, Arbeit und Kommunikation kontrollieren kann, tritt seine generalisierte Angststörung in den Hintergrund.

Herr Ge. wurde nicht plötzlich angstfrei, aber er konnte seine Kräfte auf ein definiertes Ziel der Furchtbekämpfung konzentrieren und dadurch Kontrolle erlangen. Angst ist somit leichter handhabbar, wenn das unbestimmte „Angstflimmern" durch einen realen Hintergrund ersetzt wird.

Persönliche Ordnung

Wie des Öfteren erwähnt, ist eine der effektivsten Bekämpfungen bzw. Möglichkeiten der Umwandlung von Angst in sinnvolle Energie das Bauen eines Ordnungssystems. Alle unsere Kulturen fußen auf dem Kampf gegen das furchterregende Chaos. **Regeln sind sinnvolle Instrumente der Angstbefreiung!**

Nicht umsonst fühlen sich Kinder nur geborgen, wenn sie ein stabiles Umfeld haben. Sie schlafen besser ein, wenn es ein „Zu-Bett-geh-Ritual" gibt: Wenn etwa täglich dasselbe Schlaflied ertönt, dieselbe Geschichte vorgelesen wird und das Kuscheltier am richtigen Platz im Bettchen liegt. Dieses Bedürfnis nach Strukturen, die man nicht infrage stellen muss, setzt sich in allen Lebensperioden fort. Der Teenager rebelliert zwar nach außen gegen die Gebote seiner Eltern, in Wahrheit aber geben sie ihm erst die Möglichkeit, sich in gefahrlosem Rahmen zu entfalten. Darum ist es nicht erstaunlich, wie gern Jugendliche bereit sind, sich den Gesetzen eines Sport-, Musik- oder anderen Clubs zu unterwerfen. Diese Normen geben ihnen Sicherheit. Hat das Bundesheer in den letzten Jahrzehnten zwar einen eher schlechten Ruf, so hilft es doch etlichen jungen Männern, in ihrem jugendlichen Chaos Ordnung zu schaffen. Und auch als Erwachsene unterwerfen wir uns Regeln und brauchen sie. Frei flottierend durch das Leben zu gehen, macht Stress.

Stellen Sie sich vor, Sie wachen auf und der Tag liegt ohne Struktur vor Ihnen. Es gibt keinen äußeren Rahmen wie etwa Öffnungszeiten der Geschäfte oder die

Anwesenheitspflicht im Job. Sie brauchen sich nach keiner Ordnung zu richten, ganz im Gegenteil, Sie müssen sich jede Minute selbst ein Überlebenskonzept erstellen. Vorerst erscheint so eine Aussicht verlockend, doch schon bald werden Sie feststellen, dass Sie unruhig und besorgt werden. Keiner schert sich um Ihre Sicherheit oder darum, dass Sie bei Krankheit versorgt werden. Sie müssen sich auch im Alter oder bei einer Behinderung um sich selbst kümmern. Jeder Tag im Leben liegt wie ein Berg vor Ihnen, den Sie immer neu erklimmen müssen.

Es ist schön, mal aus unserem reglementierten Leben auszubüchsen, allerdings nur, wenn man im Hintergrund eine Struktur hat, in die man jederzeit zurückkehren kann. Das Woodstock-Festival wurde einst wohl auch deshalb zum Kultsymbol für Freiheit, weil die Teilnehmer nach einem Wochenende des Im-Schlamm-Wälzens wussten, dass auf sie zu Hause ein frisches Bett wartete. Ich bin sicher, ohne die Aussicht auf die Rückkehr zur bekämpften „Unfreiheit" wäre Woodstock das Symbol für Verzweiflung am Chaos geworden. Ein Leben ohne Ordnung wäre wie eine Kreuzung mit Hunderten Möglichkeiten der Weiterfahrt. Gerade wenn man sich als Lebensmotto die persönliche Freiheit als größtes Gut verordnet, engt man sich unbeabsichtigt ein. Auf „Freiheit" zu setzen, bedeutet nämlich, ständig Normen hinterfragen zu müssen, die man letztendlich ja doch befolgen muss oder möglicherweise auch zustimmend befolgt.

Zurzeit sind die Nachrichten voll von Berichten über die Klagen von Jugendlichen und deren Problemen in Covid- und Kriegszeiten. Diese jugendlichen Krisen werden – zumindest medial – der Einschränkung der Freiheit durch die Pandemie zugeschrieben. Wenn man auch nicht leugnen kann, dass es gerade für Teenager nicht gerade stimmungsaufhellend wirkt, zu Hause eingesperrt zu sein, so ist die Hauptursache für das kollektive Stimmungstief vielmehr in einer gesellschaftlichen Angstblase, die noch dazu medial gehypt wird, zu suchen. Durch den Verlust von Strukturen wie einem geregelten Schul-, Sportverein- und Freundesbesuch entsteht ein Regelloch. Das Wegfallen der fixen Aufstehzeiten und der Termine, die eingehalten werden müssen, erlaubt es dem Gehirn, zu grübeln und die Welt nur mehr grau zu sehen. Unsere Gedanken klammern sich leicht an Angst fest, aber sie sind auch wieder von dieser wegzulenken. Anstatt den Jugendlichen ein Werkzeug, das ihnen Struktur und Regeln vorgibt, zur Verfügung zu stellen, blasen Medien, aber auch viele „Therapeuten", in das Horn des Selbstmitleids.

Selbstverständlich werden Pandemie und Krieg als Bedrohung wahrgenommen und schüren Ängste, genauso aber können solche Herausforderungen auch in Tatendrang und Problemlösung umgesetzt werden. Die Unterstellung, dass Teenager nicht selbst Aufgaben angehen und lösen können, fördert ihre Abhängigkeit von Menschen, die sich ihnen als Betreuer andienen. Anstatt ihre berechtigten Ängste als eine Art der psychischen Erkrankung zu definieren, wäre es zielführender, die Auslöser dafür als Realität anzuerkennen und dann Konzepte für die Ursachenbekämpfung auszuarbeiten. Nicht zuletzt muss dabei auf eine Tagesstruktur geachtet werden.

He. ist 14 Jahre und gerade im labilen Zustand zwischen dem Noch-Kindsein und Noch-nicht-Erwachsensein. Den ersten Corona-Lockdown hat sie noch halbwegs gut gemeistert, vor allem, weil sie wie jeder noch die Hoffnung hegte, dass es der erste und letzte sein würde. Während der folgenden Freiheitsbeschränkungen verfällt sie aber zusehends in Antriebslosigkeit, die sich mit Panikattacken abwechselt. Sie weigert sich, aufzustehen, dem Onlineunterricht zu folgen, gar sich zu waschen und die Zähne zu putzen. Ihre Eltern versuchen es zunächst mit Geschenken. So bekommt sie sogar einen teuren Laptop, um mit ihren Freunden in Kontakt zu bleiben und die Schule erfolgreich zu absolvieren. Doch He.s Panikattacken mehren sich und sie versinkt dazwischen immer mehr in Apathie. Die Eltern organisieren für sie eine Psychotherapeutin, die sie online behandeln soll, doch He. verpasst die Termine oder beendet die Einheiten vorzeitig, weil sie keine Lust mehr hat.

Als ihre Großmutter an Covid erkrankt und ins Spital kommt, muss sich jemand um deren Hund kümmern. Die Großmutter bittet ihre Enkelin darum. He.s Eltern selbst hätten es nicht gewagt, ihre Tochter zu fragen, denn sie wollen diese Aufgabe ihrem „kranken" Kind nicht zumuten. Doch die Bitte der kranken Oma kann das Mädchen nicht ablehnen.

Für He. bedeutet diese Verantwortung, dass sie um 6:00 Uhr aufstehen muss, um mit dem Hund Gassi zu gehen und ihn dann zu füttern. Bis Mittag hat sie eine Betreuungspause, aber nachmittags und abends muss sie dasselbe Ritual wieder auf sich nehmen. Um die Zeiten zwischen ihren Pflichtterminen zu überbrücken, besucht He. dann ihren Onlineunterricht und schon sehr bald wird die zeitliche Struktur wieder zur Gewohnheit. Ihr Befinden bessert sich rasch. Die Panikattacken treten nur mehr gelegentlich auf und auch die Antriebslosigkeit hat sie im Griff.

He.s Geschichte klingt trivial – kann es sein, dass banale Pflichterfüllung mit einem strengen Zeitrahmen Angstzustände zu bessern vermag?

Wie man an ihrem Beispiel sieht, können sowohl Ablenkung vom Grübelinhalt als auch unabdingbare Pflichten und ein geregelter Tagesablauf helfen, die zerebrale Fixierung von Angst zu durchbrechen. Immer wieder sollte man sich bewusst machen, dass unser Gehirn für unbestimmte Angst Muße braucht und sich schwertut, zwei Sachen gleichzeitig zu denken. Das heißt, je mehr Zeit und weniger Ablenkung man hat, desto mehr kann man sich auch in Angst hineinsteigern. Bei He. treffen vier Faktoren der Angstbekämpfung zusammen: ein Zeitkorsett durch die Bedürfnisse des Hundes, Glücksmomente nach der Überwindung ihrer Antriebslosigkeit, die körperliche Bewegung beim Spazieren mit dem Hund und die unvermeidbare Konzentration auf eine oder mehrere nicht angstbehaftete Tätigkeiten. Selbstverständlich ist es aber so, dass all diese Möglichkeiten der Angstbekämpfung nur bei nicht ernsthaft erkrankten Menschen anwendbar sind. Im Falle einer endogenen, depressionsbedingten Störung werden sie nicht funktionieren. Das ist tatsächlich eine so schwere Erkrankung, dass sie auch medikamentöser ärztlicher Behandlung bedarf.

Es klingt konservativ, altbacken und gar nicht „cool", aber unser Gehirn liebt Ordnung. Durch einen vorgegebenen Rahmen bleiben uns die Zeit und Kraft, uns mit Neuem zu beschäftigen. Wenn man sich ständig frische Strukturen schaffen muss, hat man kaum Energie für Kreativität und Innovation. Nicht umsonst hatten viele Genies einen strengen Lebensrhythmus mit sich wiederholenden Abfolgen: Thomas Mann stand immer zur selben Zeit auf, begab sich in seine Schreibwerkstatt und schrieb am Vormittag einige Stunden – wie ein Buchhalter. Die Nachmittage waren der Freizeit gewidmet.

Die meisten – erfolgreichen – Künstler leben und lebten ihre Kreativität nicht im Chaos aus, sondern arbeiten beziehungsweise arbeiteten in einem Zeitraster. Ein gutes Bild malt sich nämlich nicht im Vorbeigehen und ein

Buch schreibt sich nicht ohne Disziplin. Dass Kreativität unkontrollierter „Freiheit" bedarf, ist eine Legende. Die Bekämpfung von Angst durch Ordnung endet zudem nicht beim täglich gemachten Bett. Das Zeitmanagement spielt eine wichtige Rolle, einerseits, weil wir von unserem Biorhythmus gesteuert werden, andererseits, weil wir uns durch einen Zeitplan mit realen Zielen geborgen fühlen.

Gesellschaftliche Ordnung

Ordnung und Struktur haben in den letzten Jahrzehnten einen schlechten Ruf bekommen, obwohl sie unseren Wohlstand und unsere sozialen Errungenschaften ermöglicht haben. Gerade durch die dadurch erzeugte Freiheit für den Einzelnen wird es diesem erst möglich, gegen die angebliche „Unfreiheit" aufzutreten. Es scheint absurd, aber gerade diese Freiheit bewirkt bei vielen Leuten den Eindruck von Unterdrückung. Man sollte glauben, dass man, wenn die Möglichkeit besteht, gegen die „Unfreiheit" ohne strafrechtliche Konsequenzen zu demonstrieren, doch bemerken müsste, dass man sich lächerlich macht. Diese „Rebellen", wie die „Querdenker" der Coronazeit, hätten ja nur dann recht mit ihren Unfreiheitsbehauptungen, wenn sie wie in einer Diktatur inhaftiert würden. Erst die gesetzlich verankerte Meinungsfreiheit erlaubt, gegen angebliche Unfreiheit zu protestieren.

Der Ruf nach Recht und Ordnung hat einen so schlechten gesellschaftlichen Geruch, dass jeder sich scheut, diese Moral einzufordern, um nicht ins falsche politische Eck gestellt zu werden. Die, die am meisten dagegen ankämpfen, sind gleichzeitig aber meist diejenigen, die *ihr* Recht und *ihre* Ordnung von anderen verlangen.

So passiert es, dass die Forderung zur Einhaltung von gesellschaftlichen Normen zur Angstreduzierung – auch zum Schutz der Schwächeren – schnell eine politische Schubladisierung zur Folge hat. Dieses abwertende Prädikat eignet sich dann bestens dazu, jede Diskussion abzuwürgen.

Die Bedeutung von Licht

Der Mensch ist ein Säugetier, dessen Gehirn sich in den Jahrtausenden der Entwicklung nicht der biologischen Grundlagen entledigt hat. Unser Tagesrhythmus wird durch Licht und Dunkelheit gesteuert. Es kommt, je nach Lichteinstrahlung, zur Ausschüttung von Neurotransmittern, die dann Wachsein und Schlaf regeln. So wird durch Licht die Bildung von Melatonin aus Serotonin gehemmt und damit Wachheit bei Tag erzeugt. Durch Dunkelheit kommt es zu einem Ansteigen von Melatonin, das schlafanstoßend wirkt. So regeln diese beiden Neurotransmitter größtenteils unseren Tages- und Nachtrhythmus. Kommt es nun durch äußere Einflüsse zu einem unphysiologischen Einwirken von Licht und Dunkelheit, so treten Störungen in diesem Gefüge auf. Wir wissen etwa, dass Nachtarbeit psychische Störungen wie Angstzustände und Depressionen begünstigt. Aber auch das regelmäßige „Nacht-zum-Tag-Machen" durch den häufigen Besuch von Nachtclubs oder endloses nächtliches Gamen stört das hormonelle Gleichgewicht.

Die als Herbst- und Winterdepression bekannte Erkrankung beruht ebenfalls auf dem verkürzten Lichteinfall in diesen Jahreszeiten. Haben die Menschen früher vor allem im Freien gearbeitet und sind dann nach Sonnenuntergang in eine Art Winterruhe verfallen, so stimulieren wir heute unser Gehirn während des Tages durch Licht und können unserem Winterschlafbedürfnis in der Nacht nicht nachgeben. Das bedeutet, dass wir zwar wachgehalten werden, aber durch das künstliche Licht, das nicht dieselben Frequenzen aufweist wie natürliches Tageslicht, unsere Steuerungszentrale durcheinanderkommt. Sie erhält die Information, dass Tag ist, aber die Serotoninproduktion wird gleichzeitig mangels des richtigen Tageslichtspektrums nicht ausreichend in Gang gesetzt. Des Nachts wiederum kommt die Melatoninproduktion nicht richtig in Fahrt, weil überall künstliche Lichtquellen unseren Schlaf stören. Schon die Straßenbeleuchtung, die zum Fenster hereinscheint, oder das Handy, das neben dem Bett liegt und bei jeder Information aufleuchtet, beeinträchtigen unseren Schlaf bedenklich. Obwohl wir uns ständig in hell erleuchteten Räumen aufhalten, bekommen wir am Tag dann trotzdem zu wenig Licht ab. Die Folge dieses Licht-Durcheinanders sind im besten Fall Schlaf- und Konzentrationsstörungen, im schlimmsten Fall Depressionen und unbegründete Angstzustände.

Diese Lichtabhängigkeit macht man sich bei der Therapie von Depressionen mit schweren Angstzuständen zunutze, indem man Patienten vor eine spezielle Lichtlampe mit einem Tageslichtspektrum setzt. Jeder kann sich so eine Leuchte besorgen und damit seinen Lichthunger während der dunklen Jahreszeit stillen. Noch besser wirkt allerdings ein täglicher langer Spaziergang – auch bei Schlechtwetter – noch bei Helligkeit im Freien. **Unser Gehirn braucht eine physiologische Lichtordnung!**

Unsere gesellschaftlichen Ordnungen und Systeme erschweren es, diesem zerebralen Bedürfnis nachzukommen. Da unser Gehirn aber auch flexibel ist, kann es sich zumindest begrenzt an andere Wach- und Schlafzeiten gewöhnen. Was dabei trotzdem wichtig ist, ist die Regelmäßigkeit, also ungefähr zur selben Zeit ins Bett zu gehen und dann circa acht Stunden zu schlafen. Während des Tages sind dann mindestens eineinhalb Stunden Einwirken von Licht mit dem richtigen Spektrum wichtig. Wenn sich ein Spaziergang im Freien nicht ausgeht, dann eben mithilfe einer Tageslichtlampe. Bei so einem „strengen" täglichen Takt bewirkt einerseits die Struktur, andererseits das Licht eine gleichmäßigere Ausschüttung der Neurotransmitter gegen Angst.

Wie die Reaktion auf Licht, so beeinflussen auch andere Reize das vegetative Nervensystem. Diese verursachen die körperlichen Erscheinungen bei Angstzuständen wie eine Steigerung des Blutdrucks, die Erhöhung der Atemfrequenz, Herzklopfen, Schwitzen, Zittern und noch etliche andere. Wenn man diese Symptome aber zur Bekämpfung nützt, kann man die Angst lindern. Durch körperliche Anstrengung wie Sport oder durch Schwitzen in der Sauna kann man diese vegetativen Symptome bewusst auslösen und damit das Angstgefühl herabsetzen. Unser vegetatives Nervensystem ist überlistbar. Nütze ich seine Notfallreaktion, ist es zufrieden und die Furcht auslösenden Neurotransmitter reduzieren sich.

Kreativer Umgang mit Angst

Der Mensch muss sein Gehirn ständig erfinderisch austricksen, um kreativ und konstruktiv mit Angst umzugehen. Dabei sind physische Einflüsse und Vorgänge genauso entscheidend wie äußere Techniken. Dieser schöpferische Umgang mit unserer Furcht nützt nicht nur uns selbst, sondern auch unserer sozialen und wissenschaftlichen Entwicklung. Es bedarf nicht immer des großen Wurfs aus unserer Trickkiste. Kleine, möglicherweise banal erscheinende Ideen können im Umgang mit Angst wirksamer sein als komplizierte, aufwendige Strategien. Unser Gehirn liebt die Abwechslung, neue Reize sind interessanter als Gewohntes. Darum funktioniert beim Austricksen der akuten Angst jeder Perspektivenwechsel besser als die Wiederholung eingefahrener Muster. An Trickwerkzeugen haben wir allerhand in petto:

1. Einsatz des Präfrontalhirns, um intelligente Umwandlungsmechanismen der Basisangst in sinnvolle Angst zu transformieren
   Überprüfen Sie die Wahrscheinlichkeit des Eintretens Ihrer Befürchtung, zum Beispiel mithilfe von Statistiken!

2. Steuerung der Neurotransmitter durch Licht
   Halten Sie sich täglich mindestens eineinhalb Stunden bei Tageslicht im Freien auf oder benützen Sie eine Tageslichtlampe!

3. Umwandlung und Reduzierung der vegetativen Reaktion durch Anstrengung, Sport und körperliche Arbeit
   Sollte sportliche Aktivität nicht möglich sein, betätigen Sie sich körperlich: Stiegen steigen statt Liftbenützung, Gartenarbeit, Wohnungsputz!

4. Kontrolle der Angstgefühle durch kluge Ursachenanalyse und dann Bekämpfung – was kann ich gegen eine Gefahr sinnvoll einsetzen?
   Achten Sie auf Ihren Gesundheitszustand, überprüfen Sie Ihre Finanzen und steuern Sie im Fall der Fälle gegen!

5. Ablenkung des Gehirns vom Grübelgegenstand durch geistige oder körperliche Beschäftigung mit einer anderen Tätigkeit
   Unterbrechen Sie nächtliches Grübeln durch Erstellen einer To-do-Liste zur Lösung des Problems!

6. Ordnung aller Lebensabläufe durch sich wiederholende Zeitabläufe und Routinen, Langeweile in den Lebensablauf bringen
   Erstellen Sie einen Stundenplan mit Arbeits- und Freizeit, lassen Sie kurzzeitige Langeweile wie beim Warten auf die U-Bahn zu und genießen Sie diese bewusst!

7. Blick über den eigenen Tellerrand, Kontrolle der eigenen Sicht: Das Häufige ist häufig und das Seltene ist selten.
   Überprüfen Sie bereits beim ersten Auftreten eines Angstgefühls, ob eine realistische Gefahr besteht. Falls ja: Ergreifen Sie sofort sinnvolle Maßnahmen. Falls nein: Setzen Sie blenkungsstrategien ein!

8. Kommunikation, auch mit Fremden und nonverbal
   Schon Kleinigkeiten haben manchmal große Wirkung: Überlassen Sie in der Straßenbahn oder im Bus Ihren Platz einer älteren Person, lächeln Sie jemanden an, den Sie sympathisch finden!

9. Befriedigende Tätigkeiten, sowohl beruflich als auch in der Freizeit, dabei realisti-

sche Ziele setzen, diese überprüfen und Kontrolle des Erfolgs durch Bewusstmachen des Erreichten
Machen Sie einen abendlichen Check: Was habe ich heute alles geleistet? Klopfen Sie sich für Erfolge auch mal selbst auf die Schulter!

10. Sparen auf schlechte Zeiten
Geld vermittelt Sicherheit: Führen Sie eine Haushaltskasse oder richten eine Dauerabbuchung auf ein Sparbuch ein (altmodisch, aber wirksam)!

11. Objektivierung und Kontrolle der Ängste durch Bewusstmachung
Führen Sie ein Angsttagebuch, in dem in einer Spalte die Dauer und Ursache der Angst eingetragen wird, in die andere Spalte in Prozenten das tatsächliche, realistische Gefahrenpotenzial!

12. Einführen von Ritualen
Gestalten Sie ein abendliches Belohnungsritual durch einen guten Film, ein heißes Bad, einen Saunabesuch oder ein wöchentliches Treffen mit einem Freund!

13. Akzeptieren und Befriedigung unseres Bedürfnisses nach magischem Denken durch harmlose, wenn auch rational sinnlose Handlungen
Zünden Sie eine Kerze in der Kirche an, wenn Sie sich um jemanden sorgen, auch ohne gläubig zu sein. Spenden Sie an eine

wohltätige Organisation als „magische Vorauszahlung" auf ein wohlgesonnenes Schicksal!

14. Körperliche Erschöpfung
    Planen Sie als Städter eine Wochenendtour auf den nächsten Berg, als Landbewohner Holzhacken oder Gartenarbeit!

15. Ausagieren der Panik
    Schreien Sie bei Angst laut, schlagen Sie zum Abreagieren der inneren Spannung auf ein Kissen ein!

16. Beschäftigung mit dem sinnvollen Einsatz der Angst
    Schreiben Sie bei Auftreten von Angst eine E-Mail an sich selbst mit dem Inhalt: „Angst: Ja, gern, was soll ich tun?"

Betrachtet man die „normale" Angst von allen Seiten, kann man summa summarum mit Fug und Recht behaupten: Angst ist besser als ihr Ruf! Selbstverständlich wird sich niemand ein angsterfülltes Dasein wünschen, und die Tatsache, dass Angst der Garant für das Weiterbestehen der Menschheit ist, wird den Menschen im Augenblick der Panik nicht dabei helfen, gelassen damit umzugehen. Die Qualität von Angst erschließt sich leider immer erst im Nachhinein. Erst wenn man sie ausgestanden hat, wird man für das Ertragen und Überwinden belohnt. Doch wir sind ihr nicht hilflos ausgeliefert! Auch im Umgang mit diesem primär unangenehmen Gefühl hilft einerseits das Wissen darüber, andererseits rationale Strategien zur Bekämpfung. Angst kann uns auch dabei helfen, uns weiterzuentwickeln, uns und andere besser zu verstehen. Schon der österreichische Grafiker und Schriftsteller Alfred Kubin soll am Sterbebett gesagt haben: „Nehmen Sie mir meine Angst nicht, sie ist mein einziges Kapital."